胡亚敏 罗建／主编

# 乐在心 成于性

## ——教师教育随笔集

吉林人民出版社

**图书在版编目（CIP）数据**

乐在心 成于性：教师教育随笔集 / 胡亚敏，罗建
主编. — 长春：吉林人民出版社，2019.12
　　ISBN 978-7-206-16844-4

　　Ⅰ.①乐… Ⅱ.①胡… ②罗… Ⅲ.①学前教育—文
集 Ⅳ.①G61-53

　　中国版本图书馆CIP数据核字（2019）第297375号

# 乐在心　成于性：教师教育随笔集

主　　编：胡亚敏　罗建　　封面设计：姜　龙
责任编辑：罗明珠
吉林人民出版社出版发行（长春市人民大街7548号　　邮政编码：130022）
印　　刷：北京虎彩文化传播有限公司
开　　本：787mm×1092mm　　1/16
印　　张：11.5　　　　　　字　　数：207千字
标准书号：ISBN 978-7-206-16844-4
版　　次：2022年6月第1版　　印　　次：2022年6月第1次印刷
定　　价：45.00元

# 编 委 会

# 序 言
## PREFACE

　　何其有幸，我们从五湖四海来到美丽的珠海横琴岛，成为一名平凡的幼教工作者，在这片热土上，我们续写着人生的美好芳华。每一天，孩子们用他们自己的方式去观察这个世界，花开花落、云卷云舒、鸟飞虫鸣、风起雨落；作为教师，用我们的眼睛和内心对孩子的尊重与爱，观察孩子们在幼儿园生活中的点点滴滴，而后加以记录，汇聚成了这一本充满着"童趣"和"师趣"的《乐在心　成于性——教师教育随笔集》。

　　每个孩子都有属于自己的个性，尊重每一个孩子，面对能力较弱的孩子，《没关系，老师一直都在》。当孩子发生矛盾时，只有《走近孩子，走进孩子，做智慧老师》才能了解孩子们的真实情况，帮助孩子解决问题。每一个孩子都有自己发展的节奏，《孩子，你可以慢慢来》，陪伴孩子成长是一件幸福的事情，我时常《放慢脚步，把教育做得更细致》。比如，可以《蹲下来和孩子一起看世界》，一起对新鲜事物奇思妙想；我认为《鼓励能促进幼儿的自主学习》，孩子需要多一些鼓励，才会更有信心面对问题。而我认为《我的教学勇气》能够影响孩子的发展。有时候，《老师也要"三心二意"》，即"细心、关心、责任心，诚意和爱意"，对每个孩子，我都能细心关注。

　　有一天，班上有位《掉头发的女孩》，她很好奇为什么掉头发，由此我们展开了有趣的讨论，在谈话中，她还对我说《春节"甜甜话"》，顿时觉得《爱等于力量》，可以是我们给孩子的，也可以是孩子给我们的。有时候，我也可以《做一个"调皮"的老师》，孩子的《成长，是面对，是放手》，看我们如何把握。看到孩子们的进步，每一次都能给我《爱的力量》，爱的表达有很多形式，比如和孩子们踢场足球，告诉他们《足球不仅仅是足球》。

我是班主任老师，我时常在想《班主任的角色》应该在班里是一个什么，如何让孩子们更好地成长？在培养孩子的自我管理方面，我会实行《我是今天的小老师》机制，让孩子有更多的机会参与班级管理当中，培养服务他人的能力，这样《我与你一同成长》。从教六年多，我想《幼儿教师最需要什么》？爱心、责任、还是专业？《师德随想一二三》，每天反思自己，在反思中总结经验。但作为幼儿教师，我最幸福的一件事就是，当初播下一颗《幸福的种子》，陪伴这棵小苗直到长成参天大树，这是让我感到最幸福的事。

今年适值中华人民共和国成立70周年，我们全体师生制作了《一封待寄出去的信》，这封饱含着我们全体横琴中心幼儿园师生心里的话，想说给习爷爷听。同时今年也是澳门回归20周年，横琴中心幼儿园全体教师将这份随笔集作为礼物送给与我们一水之隔，也是我们最亲爱的小伙伴——澳门。就让我们以梦为马，琴澳一家亲，共同谱写学前教育发展新篇章。

2019年11月

# 目 录
CONTENTS

第 二 辑

## 童言稚语话童真 / 59

第 三 辑

## 寓教于乐说收获 / 85

第四辑
# 因材施教予关怀 / 133

第一辑

丰富多彩叙趣事

01

# 印象横琴

赖 婷

## 一、故事的开始

五月的珠海已然夏日炎炎。孩子们即将步入小学，对于这个话题，孩子们在班上热烈地讨论，"我要回家上小学了，老师，我会想你的。""我上横琴一小。""我也是。""小乖，上了小学我想找你玩怎么办？""那你就来我家找我，我家就在新家园。""我们幼儿园隔壁的吗？""对啊，在我们幼儿园就能看到。""那我们一起去看看吧。"我接话道。"哇，好呀好呀。""我家也在新家园哦。"孩子们进入分享模式。

于是，孩子们带上图画本与彩色笔来到幼儿园的后操场，下午的阳光从西边照来，幼儿园高高的建筑为孩子们遮蔽出一道阴凉的长廊，随海边吹来阵阵凉风，孩子们不禁感叹道："哇，好凉快，比我们教室还凉快。"这就是大自然的魅力所在吧，这也是孩子们与大自然亲密接触的契机。神奇的大自然带来火辣的太阳的同时，还会带来阵阵凉风驱赶夏日的燥热。很快，孩子们在这舒适的大自然环境里，或在草坪上席地而坐，或坐在幼儿园为孩子们特意打造的环形椅上，或靠坐在建筑物旁边，每个孩子以自己最舒适的坐姿，和最亲密的朋友在一起讨论他们将要画下的东西。每个孩子都在仔细地观察着景物的一点一滴，从一开始的热烈讨论到后来慢慢地动起画笔开始记录，此时此刻的建筑、大树、地上的蚂蚁、蓝天、白云、载客飞机、纸飞机。

## 二、故事的转变

此时正是晴空万里，天空干净得连高空中飞过几只小鸟孩子们都能一眼数出来，更何况是一只纸飞机飞到了"新家园"高达15层楼旁边，孩子惊叹到

"哇，那只纸飞机飞得好高啊！""大家快来看，我看见了一架红色的飞机，就在这楼顶上。""噢，被遮住了，等一下它穿过这栋楼就出来了。""你看，我说的对吧，它出来了，出来了！"说到激动处，孩子们还不忘在草坪跳起来表达自己的兴奋。"你知道吗，我刚还看见一个纸飞机也飞那么高，不过后来不见了。""哈，那我要把真假飞机都画上。"

一个小小的新奇便能引发他们热烈的讨论，地上行走的蚂蚁也会吸引一小群小朋友不自觉地以蚂蚁为中心围起小圈圈展开热烈的讨论。"老师，快来看看，这有蚂蚁。"听闻，一大波孩子围了过来询问道："哪儿呢？"我开始适时抛出问题："它们在干什么？""应该在搬家吧。"A回答道。

"那你怎么知道？"

"你看它身上背着一个白颜色的东西。"

"我猜应该是它的食物。"

我继续追问道："它有几条腿啊？"

"我看看。""数一数吧。"一堂关于蚂蚁的科学探索活动似乎就此展开了。

"那它用什么固定它的食物啊？"

"我知道，像货车那样需要绳子。"

"它身上的东西重不重呢？"

"哈哈，才不重呢，那么小一个。"

"可是它也很小啊，你看，那个食物都遮住了它身体的一大半。"

"但是它和其他没有背食物的蚂蚁跑得一样快啊。"

"我爸爸给我讲过一个故事，蚂蚁很厉害的，可以把比它自己还重的东西背起来。"

"我想起来了，《蚂蚁和西瓜》的故事，他们一起能搬动一个西瓜呢。"

"我要把这只蚂蚁画进去。"

我想，这就是苏霍姆林斯基说的，只有激发孩子去进行自我教育的教育才是真正的教育。

## 三、故事的结尾

回到教室用彩色画笔进行上色润画，原本就精彩的线描稿写生显得更加丰富多彩了，时不时会有孩子拿过他的画来给老师分享今天的写生成果。于是，我开始说道："那我们来办一个分享会吧，等所有小朋友画完，我们邀请小朋友来分享今天的绘画成果吧。"有的小朋友不禁手舞足蹈道："好耶，我要给大家看看我画的小鸟。"但有一个小朋友低声说道："我要自己看，不想分享。"虽然是低声说，但敏锐的老师还是听到了，走过去说道："那没有关系，你可以听听小朋友的分享，如果不想分享给小朋友也可以的。""那我听他们分享就好了。老师，你看，这是我画的新家园的树，它旁边是有树的。"即使不想和大家分享，但在老师的尊重与肯定之下，孩子依然会对你敞开心扉。每个孩子都是独一无二的，每个孩子都有自己的世界，他愿意分享便认真倾听，他若是有自己的想法，那便静待花开。

　　"老师，那你家在哪里呢？我们想把你家画下来，这样我就可以知道怎么去你家了，当我想你的时候就可以去找你了。""对啊对啊""因为我们会想你的。"孩子纷纷应和道。这也许是一堂科学探索课，也许是一堂艺术领域的美术课，但这更是一堂社会领域的感恩课堂。

# 没关系，老师一直都在

洪伟盛

让孩子的笑声传得更远，这是我们老师很想很想做到的，在我看来甚至是必须要有的一种场景。每当我写周计划、日计划、申购表、做环创等工作的时候，我总希望这些东西可以带来更多的趣味，使得孩子的欢声笑语传遍校园和班级的每个角落。

但是最近班级的风气和学习状态，实在是"不近如人意"：课堂上，老师想请爱说话的小朋友安静地坐好，能把今天老师传授的知识学习到位；进餐时，老师想请挑食的小朋友，能尽量把食物吃干净不浪费；洗漱时，老师想请爱捣蛋的小朋友，能在洗手盆上完成洗手和漱口的任务；午睡时，老师想请无心睡眠的小朋友，能安静闭上眼睛好好休息两小时。但是，这一切想法现在都只是想法。我们班出现了喜欢上课说话的"元哥"、喜欢挑食的"小富仔"、喜欢洗漱时捣乱的"明明"、喜欢在午睡时间不睡觉打扰别人的"声羿"，最后还有集合所有综合征的"航宝宝"，真是令人头痛。

这个时候希望孩子的笑声传得更远的洪老师出现了，第一，洪老师很想快点解决这些头痛的事情；第二，怎么样才可以更好地解决这些事情；第三，如何使得老师和家长都可以达成一致的想法去帮助孩子，支持孩子。想到这种种不正常的"正常"现象，这也是新手配班老师必须经历的事情，我对自己说："没关系，洪老师可以的。"

每个阶段每个时间每个人，都会遇到人生中必须经历的事情。看吧！现在就是我必须要经历的困难，必须要越过的坎，不可以逃避，让我们来正面解决这些冲突。

首先，我自己尝试解决，运用我学习过的全部优秀的正面教育解决方法和方式，在我这个阶段，从我可以做什么，我会做什么，我要做成什么样子去解决班上这些事情。多次反复尝试无果后，要走第二条路线了，要寻求班上老师的帮忙，跟班上老师分析问题，讨论解决问题的方式，根据班上老师的风格和擅长解决的问题，运用各个老师长处。如果再不行，取得班级外的资源协助，如：园长、教研组长、级长和各班老师等，寻求大咖们的解决方法。

我发现很多疑难杂症都得以解决，经过一番教育，"元哥"在课堂上虽然需要老师提醒才能安静，但是最后还是可以管好爱说话的嘴巴；经过一番教育，"小富仔"可以在老师的支持下完成进餐不挑食；经过一番教育，"明明"在老师的监督下慢慢地养成好洗漱习惯；经过一番教育，"声羿"在眼罩的帮助下，可以安静的入睡。"航宝宝"经过一番教育，还有后来的多番教育，很多习惯已经有好的改善了。

现在我想说的是："孩子你要把好的习惯保持下去，老师我会一直在你身边陪着你，不用畏惧，不用害怕。"正确对待成长，你会发现，成长过程中的不足实际上是一种境界，有了它，这个过程可能不完美，但若没有它，这个过程肯定不完美。

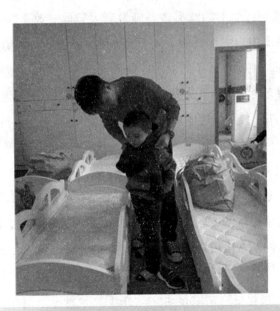

用爱心换取幼儿的快乐，
用真心换取家长的信任，
用责任心体验幼教之美。

# 走近孩子，走进孩子，做"智慧老师"

陈雨峰

人们常说"没有教不会的学生，只有不会教的老师"。那么面对社会发展的日新月异，知识更新的瞬息万变，孩子性格各异的今天，我们作为施教者，作为对孩子成长和发展起着举足轻重的启蒙老师，该如何做一名"智慧老师"呢？

## 一、"智慧老师"要相信孩子，给孩子充分自主的空间

相信孩子赋予行动上的意义就是施教者大胆地"放手"。但是作为一线老师的我们经常不由自主地低估了孩子的想象力、创造力和动手能力，从而禁锢了孩子的思想，束缚了孩子的双手，妨碍了孩子的进步。例如，有的老师担心孩子在使用剪刀会受伤，于是美工区的剪刀成了摆设；有的老师担心孩子跑步会摔跤，于是从不让孩子尽情地奔跑；有的老师担心孩子不会叠被子，于是从不让孩子尝试叠被子，每天都自己亲力亲为……殊不知，这样百害而无一益。

我国著名的陶行知先生提出"六大解放"思想——解放儿童的头脑、双手、眼睛、嘴、空间、时间，使之能思、能干、能看、能讲、能接触大自然和社会、能学习自己渴望的东西。这是陶行知先生的重要的创造教育思想，归根到底就是将学习的基本自由还给儿童。作为一个智慧的师者，难道不应该鼓励孩子去思考、去怀疑、去挑战吗？

当老师把时间和空间留给孩子，给孩子充分自主的空间，用孩子的心、用孩子的情去参与活动，如此，每个平凡的角落定会萌发不平凡的创造力。

## 二、"智慧老师"要学会倾听孩子的童心世界

我们常说要学会倾听孩子内心的声音，唯有这样才能更好地因材施教。

那么怎样才能走近孩子的世界，走进孩子的内心，做一个合格的倾听者呢？"智慧老师"应与孩子站在同一高度去思考、去解决问题，做孩子推心置腹的好朋友，去倾听童心世界最美的声音。

某天餐后散步的时候，我跟孩子们聊自己长大后想要做什么，小宇很激动地说："陈老师，我告诉你一个秘密，我长大后要每天都打游戏机。"刚听到这句话的时候有点惊讶，难以相信这句话出自一个五岁孩子之口。我问小宇为什么长大后要天天打游戏机？他说他的爸爸每天下班回到家就是坐在电脑桌旁打游戏，所以他长大后也要像他的爸爸一样。我突然意识到父亲对孩子的影响有多大，于是放学后我跟小宇的父母进行了交流、沟通。小宇的父亲也认识到自己的言行举止对小宇已经造成了不良的影响，并答应老师一定改掉这个习惯，并且正确引导小宇，让小宇在一个积极、向上的家庭环境中成长。幼儿时期的孩子就像一张白纸，他们需要施教者用独特的"智慧"去描绘一幅幅绚丽多彩的作品，让孩子的身心在良好的环境中得到更健康的发展。

当你带着一颗真诚的心走近孩子的世界，走进孩子的内心的时候，你会发现信任是一件极其美好的事情，尤其是来自孩子的信任。倾听孩子的"秘密"，让老师更好地了解孩子，引导孩子。

## 三、"智慧老师"要认真、用心地观察与记录

"观察"是了解孩子、走近孩子、走进孩子最便捷的方法。在日常的教育教学中，"智慧老师"应用心看，耐心记，悉心问。平时，我喜欢观察孩子们的言行举止，从而剖析他们的内心世界，记录他们的点滴成长。

某天早餐前我组织小朋友们进行盥洗，我们的顺序一般是：上厕所→洗手→挂毛巾→喝水→回座位。今天小汤洗完手忘记挂毛巾了，直接拿水杯到饮水机准备接水。他突然想起自己没挂毛巾，于是他拿着水杯去挂毛巾。我看他拿着水杯的那只手一直伸在厕所门外面，另一只手拿着毛巾。我观察了他好一会儿，姿势还是没变。直到小朋友们都陆陆续续从厕所里面出来，他还是没挂毛巾。我猜想他可能在纠结：喝水的杯子不能拿进厕所，可是毛巾架又在厕所洗手池的旁边，我该怎么把毛巾挂上呢？后来我问他是不是担心杯子拿进厕所弄脏了，他腼腆一笑。我说你可以把杯子先放杯架上或者请我帮你先拿着杯子啊，他这才恍然大悟。从这件事看，我觉得小汤是个做事较执着，不善变通的

孩子。那么今后我便会针对性地以故事或者谈话的方式与他进行沟通，让他知道解决事情的方法不止一个，要懂得变通。

自从上了大班，我们班的孩子开始学习跳绳这项运动。刚开始，由于手脚不协调、不敢尝试、怕绊倒等因素，大部分孩子都畏首畏尾的，不敢大胆地跳。我发现卡卡小朋友跟别的孩子不一样，她在角落一遍又一遍地尝试练习跳绳，一遍又一遍地调整绳子的长度。她的专注程度让我知道她对跳绳很感兴趣，于是我没有选择直接告诉她技巧，而是选择在一旁观察。功夫不负有心人，半个小时过后，卡卡终于学会了一个一个跳绳，我不由自主地为她鼓掌。她看到我后，直奔过来，大声告诉我："陈老师，我学会跳绳了。"我及时表扬和肯定了她的进步，并鼓励她再接再厉，一定可以成为我们班的跳绳达人。自那之后，她每天都找我分享她的跳绳趣事。在运动会单项比赛的时候，她一分钟跳绳跳了136次，成为我们班一分钟跳绳跳得最多的孩子。

的确，"智慧老师"要善于观察引导幼儿，捕捉孩子的兴趣点，善于捕捉和发现教育契机，这样更能进行有效的教育，达到事半功倍的效果。

## 四、"智慧老师"要尊重孩子的个别差异

《3-6岁儿童学习与发展指南》中提到我们要充分理解和尊重幼儿发展进程中的个别差异，支持和引导他们从原有水平向更高水平发展。就像一千个观众就有一千个哈姆雷特一样，一千个孩子就有一千种性格。因此，尊重孩子的个别差异在幼儿教育过程中显得尤为重要。我们班的小尧是个聪明好动、自控能力相对较差的男孩，课堂上经常坐不住，容易分神，有时甚至会影响其他孩子上课。有一天，我让他当"小老师"，帮我看着小朋友，让小朋友安静地吃水果。刚开始他管得挺好，过了一会，有些小朋友开始窃窃私语，不听小晨的要求。于是小晨来找我："陈老师，我管不住他们，你能帮我想一个办法吗？"我发现这是一个很好的教育良机。我问他当"小老师"辛苦吗？他说有点辛苦，关键是管不住他们。我接着问，那平时老师给小朋友提要求的时候，你有没有乖乖听要求？他说好像没有，我知道我总是做不好，但我就是控制不住自己。小晨能认识到自己的不足，这是好事。其实我发现除了自控能力差、多动之外，小晨身上还是有很多的优点。例如，他认识很多汉字，是个热心的孩子，经常主动帮助老师做一些力所能及的事情，他成了我的得力助手。除此

之外，我还经常在班级孩子面前"放大他的优点，缩小他的缺点"。渐渐的他改掉了自己多动的小缺点，开始遵守课堂纪律了。

作为"智慧老师"应善于发现孩子身上的闪光点，引导、鼓励孩子发挥自己的内在优势，不断强化他的内在优势，从而缩小劣势。尊重孩子的个别差异，平等对待每一位孩子，从而做到因材施教。因为有些花开得早些，有的花开得晚些，但是它们迟早会开的。

幼教之路漫漫，愿我们能永葆颗爱孩子的心，走近孩子的世界，走进孩子的内心，做孩子喜欢的"智慧老师"，在幼教道路上发光发热！

# 孩子，你可以慢慢来

张琼月

最近在读《孩子，你慢慢来》，孩子们的成长，是孩子自己的事情，任何人不能代替，每个孩子都有自己的成长节奏，孩子是上帝派来指引成人生活的天使。在孩子成长的过程中，充满着太多的未知与变数。

我班有一些慢性子的小朋友，有时候对于他们确实头疼难耐，我们比他们还要急，总提醒着："请快点，请快点"，现在这些慢的小朋友除了动作慢点以外，确实都是一些乖孩子，他们遵守游戏规则，细心钻研、习于观察，在很多方面都有不同见解，完成的作品也特别细致。而对于有些急性子的孩子，例如我们班小泓小朋友，典型急性子，动手能力强，动作迅速，很喜欢在教室里跑来跑去，老师们见到了，都会提醒他。长此以往，我知道一味地去讲道理不能根本的解决问题，孩子们对这些话的记忆并不深刻，面对习惯了的行为，很难改正，所以情况也会再次发生。我面对这种情况，想到另一种办法，就是尽量减少有吸引力事物的次数，用孩子感兴趣的事物吸引其注意力，平复急躁的性子，跟温和的孩子相处，久而久之，相信他们的行为会慢慢地改善。所以有的时候慢性子也有它独到的好处。

在一次户外活动中，我们在跑步，有个孩子停下来了，说："老师，我想慢慢跑。"我说："怎么啦？"孩子说："我想慢一点，这样天上的飞机就不会那么快飞走了。""哦，这样呀，那要不我们停下来看看飞机吧。"孩子欢呼着说："好呀好呀！"如果我们当时只是一味地催促说跑快点跑快点，孩子是不是就错过了看飞机呢？是不是就错过一次能让自己快乐的事情呢？

幼儿园的孩子，能力毕竟还很有限，对于一些事情，他们不能很快的、很利索的完成，这时，作为教师，我们万万不可着急，要耐着性子，让孩子慢慢来。户外活动前，组织孩子们喝水，总有几个小朋友是很慢的，而我们耐心等待着，看着孩子们很认真的样子，实在是不忍心一遍又一遍地催促，只是在一旁提醒一下。

孩子们的世界和我们成人是不一样的，孩子们有自己的思想，他们也有着属于自己的思考问题的方式，因此，在教育过程中，为了避免出现尴尬，就不能只从我们的主观愿望出发，应该多站在孩子的立场思考问题。其次，小孩子与生俱来，对外界新奇的世界充满了好奇，就会问一些奇怪或让我们惊奇的问题，我们在日常生活中就需要培养孩子的这种质疑能力。再者，孩子们的观察力又有着他们独到的一面，我们要尊重他们的观察结果，给他们提供更多的机会去观察这个世界。所以，幼儿教师要做好这份育人工作，首先要当一个合格的倾听者，能心平气和地与孩子交谈，不添加任何的主观色彩。

让孩子自己独立地尝试着去完成一件事，这是一个很好的出发点。它能极好地锻炼孩子的能力。事实上，只有孩子自己做过或主动尝试的事情，才能让他们既喜欢，又印象深刻。往往教师、家长逼着做的事情会让孩子很反感，效率也低下。

"孩子，你慢慢来，慢慢来。"在现代如此快节奏的社会大背景下，人们对人生的态度也显得越来越急躁，报各种各样的培训班，林林总总，家长用自己曾经想学的、认为孩子要学的种种课程填满了孩子的童年。我们其实可以让孩子慢慢来，让孩子慢慢地学会留意身边的事物，让孩子慢慢地与人交往，让孩子慢慢地观察世界。而作为一名老师，努力在自己的工作中为孩子寻找乐趣，引发他们的兴趣却是一定要坚持实施的，多给孩子一些时间与耐心，按照孩子的发展规律来给予教育与指导，这样的教育理念应该更值得推广。

孩子是一个人，所以我们要用待成人的方式去对待他们；孩子是一个还未完全发展成熟的人，因此，我们又不能完全用对待成人的方式去对待他们，他们需要的是我们更多的关心和耐心。"孩子，你慢慢来，慢慢来"这句话是不是更多的是对我们成人说的呢？我可以说"孩子，你慢慢来"，可是有时候，快快地"放手"或许也是必要的。我知道，这很难，难极了，但是如果你记得我们儿时的甜蜜时光……所以，回过头去看《孩子，你慢慢来》书里的第一个故事，婆婆呵斥着孩子的动作太慢，但她却又能放手让孩子帮助她，去做一些为客人服务的事情，看得出来，婆婆已经将这个最难的"放手"做到了，这种信任，又是对孩子怎样的一种尊重啊！孩子，请你慢慢来；成人们，对于孩子的教育，也请你们慢慢来。

　　作为老师，想为孩子挡风遮雨却也清楚不能陪孩子走完人生全程，尽管内心惶恐，却仍然要面带微笑勇敢地放手，让孩子自己慢慢地去发现、熟悉他的生活。长长的成长之路，要慢慢地让孩子吸收丰富的营养，培养他珍贵的品质——诚实、善良、优雅、有责任心，收获友谊和爱。

　　孩子，你慢慢来，我们都愿意等你长大！我们与孩子们的故事每天都在变化，每天都很精彩！期待着孩子们每天的成长。

# 放慢脚步，把教育做得更细致

陈颖珊

到了中班，我们开始做AH-HA课程，把High-scope课程和AH-HA主题课程相结合。对比小班，我们每一个小组活动、大组活动、计划、工作、回顾都围绕着糖果的主题来开展，班级的环境布置也是浓浓的糖果色彩。开学初，我们带着孩子们去布置班级的环境，不再是老师包办环境布置，教室里每一个装饰，每一个设计都有孩子们的参与在里面。孩子们决定特色区域叫什么名字，要投放什么材料；班上的主题墙全是孩子们一笔一画的甲骨文；睡室与活动室的吊饰都是孩子们的糖果绘画……孩子们看着班上满满都是自己的作品，都变得更加有主人翁的意识，每次都要抢着给别人介绍自己的作品，自信心也在这当中慢慢培养起来。

在活动开展方面，刚开始的时候我们都希望把更多的东西带给孩子们，于是每天的小组活动、大组活动的内容都不一样，但是这样子的教学活动，孩子们能吸收的东西太少了，因为我们走得太快，没有按照孩子们的发展水平来进行教育活动，很多时候孩子上完活动之后，脑袋里并没有记住多少东西。比如说制作牛皮箱的糖果画活动，刚开始让孩子们用一次小组活动完成绘画和涂色，谁知道出来的效果都是不尽如人意的，孩子们在规定的时间内赶作品，并没有用心去做。后来在经过几个班的老师商量之后，我们慢慢地放慢了脚步，把一个活动细分成几次活动来上，每次活动之前我们给孩子们温故知新，再引出当天的活动内容，显然这种细化的活动操作性更高，孩子们上起来也没有那么吃力，老师也能引导每一个孩子，不会说因为匆匆开始匆匆结束，而忽略了一些没跟上进度的孩子。比如说制作冰淇淋手工，第一次活动我们让孩子去剪纸，第二次活动让孩子去粘贴，第三次让孩子去表述自己的作品，这三次活动下来，孩子对于自己制作冰淇淋的过程更加的深刻，做出来的冰淇淋大家看着都说"孩子原来是可以把作品完成得很好的"。通过这三个活动，孩子以后就可以不需要老师的引导也能自己完成一个作品的创作。

做教育本来就是一步一个脚印的过程，但是往往我们都会在做教育的路上乱了自己的脚步，拼命去追赶一些教育的数量，而没有注重教育的质量。因此在往后的教育教学当中，我们会更加关注教育本身潜移默化这个特征，在生活当中渗透，更加细致每一个活动，让孩子真正能接受到更好的教育。

用金子般的爱心，
收获纯洁的欢笑与真诚，
感受彼此心灵的贴近。

# 蹲下来和孩子一起看世界

李紫琪

"蹲"，拆开为"足"和"尊"。"足"字小，"尊"字大。蹲下来动作虽小，但却能尊重孩子，看看孩子的发现，听听孩子的需要，感受孩子的一切。忧伤的阴雨天，在孩子眼里变得诗情画意。天空下着大雨，大操场迅速积成一个又一个的水洼，老师说："外面雨下得很大，乌云密布，今天我们不能出去玩了，有点可惜。"孩子们说："不能出去玩了，不过没关系，我们可以去海鲜街玩。""今天下雨了，真凉快！""嘻嘻，我可以穿上雨靴去踩水！我还可以用我最喜欢的雨伞，还可以穿雨衣。下雨真好。"雨水在玻璃上留下一条一条的痕迹，孩子们凑过去看看。有的说："为什么雨水是歪歪扭扭的？""因为有风呀，风把雨吹得歪歪扭扭的。"在走廊上，雨水滴答滴答地从天而降，孩子们的指尖在木栏杆上跳跃着，雨珠便汇成小水流，顺着栏杆缓慢流下。"老师，你来听一听。下雨也有不同的声音。"是什么声音呢？孩子们安静下来，听着下雨的声音。"上面是'咚咚'声，那是因为上面有塑料的棚。""下面是'沙沙'声，那是因为下面是鱼池。"孩子们你一句我一句，为他人解惑，也提出自己新的疑问。雨依旧是雨，在孩子们眼里却是不一样的世界。

陪伴孩子穿越恐惧，任何东西都变得平淡无奇。陶艺课结束后，先完成作品的小朋友可以到旁边滑梯那玩，有一个小男孩不敢靠近，一直背贴着门不动。"你去玩吧。""老师，我怕。"若是以前，我会说："就只是一个会转的尖尖塔房子，还有滑梯，没什么好怕的喔。"但看着他哆嗦的样子，我蹲下来和他一起看着旋转的金字塔，左手护着他的后背，说："这个东西真得让人感到好害怕，那你看见什么？""我看见了好多好多的眼睛。""哪里有眼睛？是小朋友的眼睛吗？"他指了指上面的数字，往后退一步说："数字那里的眼睛。"原来他说的是"8""6"等数字中间的小圆圈。闪闪发光的材质使数字中间的小圆圈更像是在眨着眼睛。"我也觉得有点像眼睛了，看来你更害怕了。""嗯嗯。""眼睛虽然很害怕，但它有来伤害你吗？"他听到之后，身体似乎变得柔软些了。"没有。它们没有过来。""那我们在看看它，它是什么东西？"小男孩抬头看着："是一些数字，有8、9、0、6。"说完，小男孩说话声音也变大了。"现在你再看看，还是恐怖的眼睛吗？"小男孩不由自主靠近旋转的金字塔，"没有了，不是眼睛，是数字里面的圈圈。"小男孩的好朋友跑过来说："过来一起玩吧。"小男孩没有拒绝，慢慢地走进去和大家一起游戏。

　　贴近孩子，感受孩子炽热的童心。户外时间，我们到安吉游戏区玩，女孩子分工合作搭城堡，有的搭外墙，有的搭室内，好不热闹。城堡搭好了，女孩子团团坐在城堡里，仔细一看，孩子们都坐在自己搭的宝座里。漫子看见我来了，招呼我入内："李老师，来我们的城堡坐一下，你看，我们都是公主，我们在开茶话会呢。"公主们微笑着点点头，仿佛我进入了真正的公主世界。小曼赶紧给我搭了新的宝座，可是我有点大，坐不下。公主们讨论着："我们的城堡太小了，是给小朋友做的，李老师不是小朋友，坐不下。""不行，李老师是我们的客人，她不能走，我再给她做大一点就可以了。"小曼说。小欣站起来："我出去玩了，让李老师坐这里吧。"漫子说："不行，这是你的位置。不是李老师的，李老师坐这里。小曼，我们给李老师做大一点的宝座吧。"小思给我端来一杯茶："李老师，这是你的茶，你是新来的公主，这杯喝完可以去那里加喔。"就这样，我和公主们一起度过美好的上午，还刷新了"公主"的概念。传统意义上的公主高贵、孤独、骄傲。孩子心中的"公主"，虽高贵却平等。孩子自信，所以高贵骄傲。彼此都是公主，所以平等。公主多了，也只是一个普通的称号。

　　蹲下来和孩子一起看世界，阳台上的多肉间竟然有其他颜色的蚂蚁；蹲下来和孩子一起看世界，我的朋友是你的朋友，但你的朋友不一定是我的朋友；蹲下来和孩子一起看世界，一天的疲惫也能因孩子的笑容而烟消云散。

蹲下来和孩子一起看世界，
一天的疲惫也能因孩子的笑容，
而烟消云散。

# 鼓励，让孩子们的学习更主动

袁文鑫

区域活动开始了，灏灏随手拿起了桌面上剪好的皱纹纸看了起来，泽泽、豆豆、毛毛和虎子也来到了桌子面前，他们分别找到了自己喜欢的皱纹纸，他们显得非常开心。桌面上已经摆放好了白纸、双面胶、皱纹纸，今天的美工是要小朋友们用手中的皱纹纸在白纸上用双面胶粘出美丽的花。

泽泽和豆豆分别欣赏着自己拿到的皱纹纸，还叽叽地说着要粘五颜六色的。她们两个已经开始做了，灏灏看了一下周围的小朋友，拿着皱纹纸在摸头思考，可是他还是没有动手撕纸。这时候他发现在观察他的我，马上叫道："老师老师，我不会！"我走过去说："一会儿老师要来你的'花园'赏花呢。"灏灏立马提起精神来，他看别的小朋友在把皱纹纸往双面胶上粘，也试着做起花来。

灏灏是我们班最小的孩子，对老师的依赖心理很强，可是当他听到我要来欣赏他的花园时，显得异常兴奋，好像接到了一个使命一样，一丝不苟的做起来，不一会，他就在白纸上粘满了花。他满意地拿着自己做的花，和周围的小朋友比较谁的更好看。

需要在老师的指导下完成操作内容的孩子缺乏一定的自信心，总认为自己不能独自完成任务，有很强的依赖心理，喜欢身边有老师的陪伴，需要老师在一旁不断地给予肯定或鼓励，才能完成操作内容，一旦完成了操作就兴奋不已。

在平常的生活中，家长和老师可以这样做：

（1）了解孩子的需要，直接建议。以直接建议的方式，让孩子主观地选择自己所喜爱、感兴趣的活动内容。帮助孩子形成独立、自主的个性。

（2）适当的鼓励，使之独立完成操作。家长和老师可利用幼儿喜欢表扬的这一特点，及时、适当地给予一个微笑、一句肯定的话语、一个满意的点头，逐步消除他们的依赖心理，从而提高他们自主操作的信心。

所以，老师的鼓励和赏识有时候是幼儿进行自主学习的动力，使其对自己充满自信，从而萌发表现的欲望。

鼓励超越表扬。

第一辑 丰富多彩叙趣事

# 我的教学勇气

何水灵

　　某天，和同学聊到教育书籍，我说我要读两本关于教育方面的书。同学说《我的教学勇气》这本书你可以读一读，我开始还不以为然。当翻开书，读到《前言——倾听教师》，帕克·帕尔默的文字深深地吸引了我："教学是一项尚未消失的行业，但敬重教学却是一种不可复得的传统……倾听似乎算不上送给他人的一件礼物，但至少可以看作改变的一个起点——事实上，又何止是起点。尊崇教师的心灵，人们从事教育是因为热爱孩子……什么挫耗了教师的锐气和活力？我们感到负担过重……我们感到孤立无助……"看到这些文字，我的心里不再平静，我想，这本书是我要读的。

　　一学期的教学工作，有欢笑有喜悦，其间的困惑和苦恼也一直深深地压抑着我。在生活中寻求帮助，也在精神上觅求食粮。帕尔默说："真正好的教学不能降低到技术层面，真正好的教学来自教师的自身认同与自身完善。"

　　我们都知道，教师和儿童的心灵在教学过程中起着巨大的作用。然而，在很多时候，教师疲倦于自己的工作，对自身价值的评估偏离原先的轨道，再加上千头万绪的杂事琐事，不断地损耗着教师的精力和活力，使他们体倦心疲。很多时候，觉得教师是个形影相吊的职业，尽管老师每天在课上尽心尽力，但是有时候却得不到社会的认可，只有自己知道，你干的是一份有很大价值的工作，可是教室大门一关，就仿佛与世隔绝，由此产生的孤独感使教师对自己所起的作用将信将疑。教学中常常模糊了得与失的概念，让我们更感底气不足，原本的那种信念、希望、憧憬，时常付之东流。克拉克说得好："你干这一行就必须坚信，你是在改善现状，创造未来。如果教学中浇熄了原来点燃你心中激情的火苗，发生了你觉得与初衷背道而驰的事情，那么它就成了一个叫人一蹶不振的职业。"那么，我们该怎么做才能使自己全力以赴、精神抖擞地去工作？我想：教师的自我认同是首当其冲的。

一本好书带给读者的是新鲜的甘露。特雷莎修女曾说过："我们做的从来不是大事，只是用大爱做小事。"学会倾听，建立维系我们心灵的关系，体现教育本色，弘扬每一个声音。那就让我们从小事做起，重拾教学勇气。

我想：教师这个职业，是值得身为教师的我们为之付出的。有勇气，也就有爱和希望。

# 老师也要"三心二意"

张萍萍

我们常常教育孩子们做任何事不能三心二意，然而，这几年的工作实践使我认识到：幼教工作是一项要付出神圣之爱的职业，"三心二意"，也是一种教育艺术和教育手段。

**1. "三心"即童心、细心、耐心**

童心：童心是一泓清泉，虽然没有浓烈的芬芳与香甜，但却纯净、透明而晶莹。要做好一位幼儿教师首先要"童化"自己，以孩子的心态、从孩子的角度观察事物，正确对待孩子的好奇和好动，走进童心世界。记得一次户外活动，有几个小男孩围着草地上的一个洞，铭铭想要把手伸进去摸，出于安全意识我把他们强行叫回。事后，我反省了一下自己，这几个小家伙的好奇心、想象力以及探索的欲望被我无情地扼杀了。如果当时我能站在孩子的角度，对此加以正确引导，和孩子们一起来观察讨论，那结果又会怎样，想必又是另一番景象。在日常生活中，当孩子由于种种原因上课开小差时，当孩子好奇地在白白的墙面上乱画乱写时，当孩子幼稚地踩着小椅子伸手去够屋顶的风扇或吊灯时，当孩子出现各种异常举动时，我们应该怎么做？教育的爱告诉我，应该站在孩子的角度想一想，他们为什么会这么做，了解和尊重他们的想法，用一颗赏识、接纳的心和孩子们交流，使他们的心里充满温暖和自信。

细心：教育来自孩子的生活。的确，在生活中，时时刻刻都会不断出现教育的新线索，都会显现教育的灵感。作为一位教师，日常生活不但要有生成的意识与能力，还要细心地观察孩子的一言一行、一举一动。其实，每个孩子都希望得到老师的宠爱。善于发现每个孩子的闪光点，善于发现每个孩子的点滴进步，不忽视每一件小事，这就要求我们必须细致观察、细心了解每个孩子。

耐心：作为一名幼儿教师，我们每天面临着烦杂的事物，身心处在重重的工作压力之下，我们几乎没有时间和精力去仔细观察孩子的言行举止……长此以往，孩子与我们的距离远了，家长会对我们越来越不满了。要想赢得孩子和家长的信任，我们就必须拥有一颗耐心去对待每个孩子、每位家长和每一件事。总之，作为一位幼儿教师，没有足够的耐心是不行的。我们班的纯纯小朋友是一个文静的女孩，平时不声不响，早晨来园从不与老师、小朋友问好，活动课时也不爱举手发言，更不会积极主动地与老师、同伴交往，缺乏足够的自信心。记得有一次，我请小朋友用叶子作画，大家都开始按要求做起来。可当我巡视时，发现纯纯面前还是一张白纸。我连忙问："你怎么不画？"她用细细的声音说："我不会。""那你可以……"我又重复了一遍制作方法和要求，就去指导其他小朋友了。当大家交给我作品时，纯纯交上来的还是一张白纸！于是，我找她家长聊天，聊天时，发现家长很着急，但又想不出好办法。家长还说，她在家很好，画画、唱歌、跳舞都很喜欢。为了帮助她，我们尝试了很多种方法，可效果却不大。又是一次美术课，这一次，我引导纯纯和我合作作画。出乎意料，纯纯画得的蝴蝶最漂亮。我抓住这一教育契机，在所有小朋友面前表扬了她，还把她的画贴在了主题墙上，她显得很兴奋，放学时还带她妈妈看她的作品。从那以后，她在各方面都有了很大的进步，还能做"小老师"，成了老师的得力助手！如果作为老师，对这类孩子做不到耐心引导，那结果是可想而知的。

**2."二意"即诚意、大意**

诚意：在与孩子的交往中，教师的态度直接影响着孩子的情绪及言行。当孩子退缩不前时，真诚地送上一句："你能行，老师相信你，你一定行！"当孩子有了丝毫进步时，一个真诚赞许的眼神、善意的笑容都会令孩子自信。在一节语言课上，一位老师讲错了故事内容的顺序，一个孩子忽地站起来给老师指正，得到的不是老师的肯定、表扬和真挚的谢意，而是一句："就你会，别瞎掺和，不许乱讲话……"一盆冷水浇到底，孩子的自尊受到严重的伤害，自信也被抹杀。日后在这样的教师面前，他还能够继续主动、热情、积极吗？每天下午，我利用孩子离园前的这段时间，总结哪个孩子哪方面有了进步或存在不足，然后蹲下身来和每个孩子一一拉钩相约：明天一定要更加好！当第二天孩子达到要求或稍有进步，我就会像对待自己的孩子那样抱一抱他。得到老师的拥抱，孩子的内心感到莫大的满足。自然，孩子与你的距离越来越近了，就会把你当作知心姐姐了！

大意：孩子的表现不会总是一成不变，总有一定的阶段性。这个时期也许有很大进步，另一个时期也许停滞不前甚至退步。对孩子在日常所犯的一些有意或无意的错误，都应给予必要的谅解。这就要求我们的教育者要有宽容、大度的胸怀。而有的教师常常戴着"有色眼镜"看人，凭印象下结论，常以"朽木不可雕""反正他也改不好""这个孩子就是坏"……来评价某些方面能力差的孩子，总揪住他们以前的过失不放。"人非圣贤，孰能无过？"更何况是一些年幼稚气的孩子。当孩子悄悄地把班上好看的玩具带回家时，当孩子不小心碰坏了幼儿园的易碎物品时，当孩子抓伤或咬伤同伴时，当孩子由于好奇拆坏了电动玩具时，当孩子又一次故意打翻饭碗时，经过必要的批评教育后，我们是否能以"过往不究"的心态对待孩子？

总之，"三心二意"各个内容之间相辅相成，密切联系，好比人的五官，缺了哪样都不行。一位合格的幼儿教师，是否具备这"三心"与"二意"将影响到其方方面面的工作与效果。与同事相处需要，幼儿的保育工作需要，家长工作更需要。一切为了孩子，为了孩子的一切，为了一切孩子，每一位幼教人员都应不断提高自身素质，做到这"三心二意"。通过"三心二意"为孩子创设一个宽松的发展空间，促使每个孩子在各方面健康和谐发展，这也正是素质教育对每位幼教工作者所提出的最基本要求。

我愿做鼓荡着爱与温暖的春风，

使孩子只需轻轻一跃便腾空而起，

在成长的天空里展翅高飞。

# 掉头发的女孩

张 芳

"老师，你今天跟不跟我睡？"

"老师，我不想离开你。"

"老师，我想让你跟我一起回家。"

"老师抱一抱吧。"

……

听到这里，你肯定会觉得这个小朋友有很强的依恋情结。细想想，也许会觉得这个小朋友的语言表达能力非常好，能将自我感情如此洒脱地表达出来。

这些话语，来自一个最近开始掉发的女孩子。

为什么会掉发呢？

掉发的故事是一个曲折的故事：妈妈带她去看了很多医生，中西医结合之后的诊断是营养不良，而妈妈最近感受到的是小雨的恐惧。恐惧从何而来？妈妈在亲子时间了解到，小雨对幽灵公主的某些场景很害怕，希望老师能帮帮她，让她放下心来，可以独立去上厕所和睡觉，而不是要求上厕所时都需要妈妈陪着。

恐惧是一种可怕的情绪体验，对孩子来说，恐惧的情绪如果不能得到及时的安抚，将会造成一些不好的影响。

既然恐惧已经突破了她的心理防线，那么老师可以变成"超级英雄"保护她。"超级英雄"可以不用去做些打怪兽的举动，只要跟着她走进恐怖的世界，认识那些恐怖的东西。比如，她害怕的"八头怪"，它一身长有八个头，打不死的八头怪一直萦绕在她眼前，只要闭上眼，八头怪就会出来，在眼前飞来飞去、撞东撞西。她讲述这个"八头怪"的时候，是一个中午，她不想午睡，于是，我邀请她跟我一起睡，满足她想跟我一起午睡的心愿，她整个午睡都没有睡着，而是一直在说这些可怕的东西。我被她的"八头怪"搅得也没有睡意，于是开始引导她想一些应对的办法，她说她知道这些都是假的不存在，但是还是害怕，因为一闭上眼这些怪物就会出来。可以弄清楚的是：她能分清真实存在和想象的区别，但是抑制不住去想起那些场景和画面。所以我不需要化身战士为她战斗，只需给她一个"魔法袋"，为她清除怪物。"魔法袋"是一个情感寄托工具。"魔法袋"在哪里呢？就在她的小手里，喜欢画画的她可以画一个超级厉害的"魔法袋"，把怪物收进来。等到睡觉时间或者独处时间，"魔法袋"就会发挥作用。除了神奇的"魔法袋"，我还借助她的同伴的力量，尽量安排她和同伴在一起活动，希望同伴之间的快乐冲淡她的恐惧情绪。

情绪安抚从来不是一件可以立竿见影的事情。通过"魔法袋"的神奇作用、同伴之间的愉快时光，她已经不需要妈妈每时每刻都陪伴在身边了。苏霍姆林斯基说过："爱就是用心灵去体会别人最细微的精神需要。"在恐惧来临时，如果老师能够及时提供精神安抚，让她获得积极正面的情感信号，我想这就是爱。

# 春节"甜甜话"

岳绪俊

临近寒假了，接下来就是喜气洋洋的春节。为了让孩子们感知年味，我们班也设计了一系列和"年"相关的活动，其中最值得回味的还是春节"甜甜话"这一序曲，倒不是因为它多不可思议的精彩，而是小朋友完全作为"小老师"参与进来，而且说出来的话让人听了真的像吃了糖一样甜。

刚开始学习的时候，那个星期班上只来了7个小朋友，因为前段时间的"流感"病毒，很多小朋友在家调养。这7个小朋友借助图画很快对内容特别感兴趣，在学会AABB式祝福语后，便迫不及待地运用开来，班上李老师在"出差"回到班上后，淘淘迫不及待地走过去送祝福："祝李老师在新的一年团团圆圆。"李老师在听后情不自禁地说："淘淘，你太棒了，也祝你在新的一年快快乐乐！"看到淘淘尝到了甜头，萌萌也开始挑对象送祝福，看到在阳台整理花草的宁老师，萌萌跑过去说："宁老师，祝你在新的一年红红火火！"宁老师听后乐得合不拢嘴："谢谢萌萌！"给老师送完了祝福，小朋友相互间也送了起来："祝依依在新的一年高高兴兴！""祝姜均华在新的一年节节高升！""祝……"到处充满祝福的声音，空气里的味道都是甜的。后来，我发现这几个词语不够用，又借助动作教会孩子们从一到十的祝福语，有了动作的参与，他们学得更快了，还来和我比赛谁说得多，谁说得不一样。后来听几位家长反映，他们在家顺着或倒着背，开始比速度了，这积极性无比高涨。

新的一周，班上有了更多的小朋友回园，之前感冒的小朋友终于回班了。姜均华开始主动告诉他们，我们学了"甜甜话"，还主动拿出图片教他们。杜文、范勇和典典听着"小老师"念，跟着念。每天来园小朋友都会主动告诉老师又学会了哪句"甜甜话"，连平时不太说话的小朋友也变得积极主动起来，这"甜甜话"似乎真有"甜"的魔力。在班上流行开来后，小朋友还主动给别的班的小朋友和老师送去祝福，以前他们会问我："为什么是叫'甜甜话'呢？"我说："你们吃过糖吗？""吃过啊！""糖的味道是怎么样的？""可甜可甜啦！""我们吃过糖说出来的话就会是甜的，这些祝福语呢，就像我们吃过的糖，说出来给别人听，他们就会觉得很开心，心里就会甜甜的，所以就叫'甜甜话'。""岳老师，祝你在新的一年：一帆风顺，二龙腾飞，三阳开泰，四季平安，五福临门，六六大顺，七星高照，八方好运，九九同心，十全十美。"朱仕博抢先喂我吃了一把蜜糖。

如果你有幸听了小朋友的这些"甜甜话"，新的一年心情一定无比欢畅。

游戏中，
我是孩子们的伙伴和朋友。

# 爱等于力量

闫皓楠

"宝贝，能告诉我现在你想做什么吗？"回答我的只是伤心的哭泣。左边抱一个，右边搂一个的情景，相信在小班一开学时非常常见，耳边是宝贝们接连不断伤心的哭泣声，老师们心里着急但也要镇定地安慰伤心的宝贝们。这个场景便是一个刚毕业的、自觉还是个小孩儿的我需要面对的一切。虽然断断续续每个学期都在实习、见习，并且有了一个长达一年的实习带班经验，但真正的遇上这种场景我也是有些手足无措。那些平时对人对事的淡定不复存在，面对这一群刚入园的小朋友，光是从父母手中接过孩子都是一个艰难的历程。

"老师，我要妈妈相片；老师，帮我拿妈妈相片。""老师，我想妈妈了，妈妈什么时候来接我？""老师，我要我的宝宝（玩偶），我的宝宝去哪里？""我不要待在这里，我要回家，我要回家"……

那段时间，听过最多的话就是这些，每位老师都恨不能多长出两只手——左边抱一个，右边搂一个，前面看一个，后面带一个。在一片伤心的哭声中，老师的声音早已被淹没，不管多大的声音都听不到。当宝贝们各种的声音一起向你涌过来时，我也完全不知道应该先回答哪一个，或是先给哪一个宝贝安慰。吃饭，没有时间；上厕所，宝贝们还没有安抚好；喝水，尽管已经口干舌燥，声音嘶哑，但还是没有时间；太累了休息一下，那更是不可能了。第一个星期几乎是没有时间喝水，没有时间上厕所，没有时间吃饭，更是没有时间休息，回想起那段时光，到底是什么让我一直坚持下去呢？

早上见到每个宝贝，他们是那么的稚嫩，看向我的眼神充满了好奇和对新事物的小害怕。宝贝们的脸上挂着的是对我的依赖，父母们对老师的信任，让他们把自己最爱的宝贝交给我，这是一份怎样的责任，我能够担得起来吗？油然而生的一种责任感，我肩上的担子，不仅只是简简单单地照顾好一个小朋友那么简单，他们更是一个家庭的希望。他们尽管个性大不相同，但是对我的依赖却都是真的。每次见面时，从很远很远就可以听到宝贝们大声说"老师，早上好"的声音，听到宝贝们清脆好听的声音，什么都不做就觉得充满了力量，他们就是我力量的源泉。看到他们便觉得不管多苦多累，只要他们能开心就是最好的收获。

"有爱慰藉的人，无惧任何事物和任何人。"这句话是我坚持下去并且每天都充满着正能量的原因。我正在从孩子们那里得到很多很多的爱，自然地，我给了他们更加沉甸甸的爱。就是这份爱，这份责任，让我有了这份坚持，也得到了最好的收获。爱是一片冬日的阳光，使饥寒交迫的人感到人间的温暖；爱是沙漠中的一泓清泉，使濒临绝境的人重新看到生活的希望；爱是一首飘荡在夜空里的歌谣，使孤苦无依的人获得心灵的慰藉；爱是一场洒落在久旱的土地上的甘霖，使心灵枯萎的人感到情感的滋润。爱给予我的力量是无穷的，尽管前一天已是筋疲力尽，明天照样是活力满满。

开学时那段时光值得我很好的珍藏，因为那可能是只能经历一次的宝藏。现在再回想，想到的只有那其中的美好，苦和累也只是其中的调味，更多让我能留下记忆的只有那一张张美好的笑脸和孩子们对我的信任和依赖。我们就像是伙伴，一起并肩作战，面对不同的挑战，孩子们让我有力量也有勇气去面对任何的事情。能够陪在孩子们身边和他们一起成长好幸运。

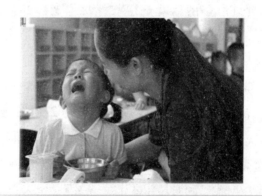

面对孩子，

有爱才会有责任感，

有责任感才会始终付出爱的行动。

# 做一位"调皮"的老师

陈 妍

我已经正式做老师两个月了，在带班的过程中，我也一直在学习如何带班，怎样和小朋友们相处。大学的时候想过无数个自己做老师的画面，我会是一丝不苟的、得过且过的抑或是专制武断的？实践才是得出答案的唯一方法，对于我来说，找到一个最好的和小朋友们相处的方式很重要。因为我觉得只有找到一个最舒服的相处方式，我在工作中才会更有激情，更有恒心。在我实习的时候，我观察过很多老师和小朋友们的相处之道，她们大都很负责任，小朋友们也都很听老师的话，可我觉得那不是我想要的模式。我觉得她们和孩子之间"老师""学生"的那条线太过于清晰了，尽管老师很负责任、很关心小朋友；同时小朋友们也很遵守规则，可我觉得那并不适合我。我从小就是一个"调皮"的人，我爱玩、爱笑，不按常理出牌，我不想改变自己的个人风格，所以，我把自己的个人特色也带到我的工作上来。我要做一位"调皮"的老师。

在这里，我指的"调皮"是一个褒义词，我想维持那种和学生之间亦师亦友的关系，打个比喻，我不会称呼我学生的名字，我会叫男孩"老哥"，叫女孩"老姐"，通常小朋友们都会因为我这么叫他们而逗得哈哈大笑。我不是一个省心的老师，我会偷偷做恶作剧，比如，我把小朋友的某一个东西藏起来，然后，我提示让他去找，诸如此类的游戏。慢慢地，我发现小朋友们变得和我很亲近，见面的时候要亲我，走的时候要抱我，户外活动的时候很喜欢绕着我转。当然，做一位"调皮"的老师并不是那么容易的，我也遇到了烦恼，因为和小朋友们的距离拉得太近了，往往就会导致在你管教小朋友的时候力不从心，小朋友们会以为你在开玩笑，根本没把你讲的班级规则放在心上，这也不是我的初衷。我想了好久要怎么去解决这个问题，我回忆起了之前幼儿园培训讲过的一个点：老师面对孩子要"和善而坚定"，而我现在只是单纯地做到一个"和善"，这样子自然带不好小朋友。于是我开始慢慢改变自己的方式，比如，我多次重复我和小朋友们的"约定"，在玩的时候，老师可以带他们想去的地方，用他们喜欢的方式进行游戏，可是在老师讲规则的时候就要严肃起来，认真地听老师讲，遵守规则，如果违反这个"约定"，那么老师就会减少他们的活动时间。慢慢地，小朋友们好像知道了我的"脾气"，懂得我是怎样的老师，于是也开始配合我。我觉得我理解的"调皮"的老师这一个理念才算真正做到了。

做老师不简单，做一位"调皮"的老师更不简单，我还是经验不足，需要更多的摸索才可以把老师这个角色做得更好。

用真诚的心去温暖孩子们，

伴随他们成长。

# 成长——是面对，是放手

李 燕

我与孩子的故事可以写本书了，哈哈哈……突然脑海中就出现孩子们那一张张天真活泼、可爱的笑脸，稚气而坚定的神情，那笑中带羞涩的模样……。回想起过往，曾经那么让我觉得难过的事情似乎也只是风轻云淡，让我急得跳脚的情景似乎现在再回首也是甜蜜的一幕，想起也只是莞尔一笑，成为让人无数感动的瞬间，至今心底也是甜的……孩子们带给我的故事有太多太多，而我的脑海里回放的仍是他们天真的笑脸，还有他们百叫不厌的回响："李老师……"

记得孩时的我就是"孩子王"，手下兵将众多，我统率众军穿梭山里、田野，跑家串户，哪儿都是我们的乐土，哪儿都是我们的天堂，记得那时的我们好不开心，好不快乐。无独有偶，长大后的我成为一位幼儿园老师，成了"孩子王"，可这时候的"孩子王"可不同于往时的"孩子王"，这时的"孩子王"是任重而道远，犹记得那天怀着激动兴奋的心情进入班级的那一刻，"孩子王"就成了我终身的至爱，而我的故事也就慢慢地开始了。

学会成长——成长的路上会有许多的困难，解决困难需要自己努力跨越。

小乐（化名）是一个男孩子，因为父母工作的原因，父亲与母亲照顾的较少，平时都是爷爷奶奶照顾他，刚进园，他分离焦虑的情绪较严重，一入园就哭，所有的不安都用哭来表达，哭的震天响，至今我耳朵旁似乎仍回响着他的大嗓门。在他刚入园时，我为了舒缓他的不安情绪，在来园时热情地给予他拥抱，微笑地与他打招呼，热情地牵着他的小手走到他的座椅前。渐渐地，他的分离焦虑减缓了许多，对我也开始亲近起来，每天来园时会扭捏的拥抱我一下，似乎这也成了我俩每天早上不成文的规定。再后来，我和他之间的故事就慢慢地发生了：

有天户外，孩子们都在外面玩得兴高采烈，蓝天白云下，那一张张开心的洋溢着笑的脸，耳旁还能听见微风轻拂树叶的声音，此时风景独好，我很享受这一刻的美好。"啊……啊……啊"震耳的哭声响起，瞬间我的思绪从美景中跳出，轻松地找到了声音的来源，是小乐。我慢慢地向他靠近，观察着他的附近是否有可疑的人物。按以往的经验能让小乐哭得震天响，事情往往都是如此惊人的相似，无非是谁不小心碰到了他，或是谁挡住了他，或者是哪位小朋友无意中说了一句话，还或者是他只是想让我关注他而已……

在慢慢走近他之前，我在等待，等待那位"惹事"的同学浮出水面。原来是她，只见小N走向小乐，安抚着小乐："小乐，你别哭，我不是故意碰到你的，对不起。"小乐不理小N继续大哭，小乐只是看向我这边，我知道小乐在等我，等我安抚他，等我帮他做主。

就在不久前，当我发现小乐在遇到问题时第一时间来求助我，然后等待我帮忙解决问题时，当我发现他总是以哭来寻求我的关注时，我意识到小乐的情感依赖，以哭来寻求关注的问题。在记录观察三天后，我与小乐的妈妈约了面谈，谈到了小乐的现状，妈妈反馈说爷爷因为奶奶的身体回老家照顾奶奶，现在只有爸爸妈妈照顾他，而且在家里妈妈照顾得多，爸爸平时上班工作忙，晚上或是周末有时还加班，只有休息时才能与孩子玩一会儿，小乐在家里有事没事都是以哭来寻求大人的关注，特别是寻求妈妈的关注。最后关于小乐的现状，我决定在一些较小的事情中采取忽视他的哭泣，拒绝他的关注请求，让他学会处理、承担自己的问题，直面自己的问题。

于是计划开始实施了。这已经是我针对小乐的情况做出策略的第五天了，当小乐哭的震天响，第一反应寻找我的踪影时，我还是像之前四天一样停住了脚步，假装在看向别的孩子，因为我知道，他也需要成长，他需要自己学会处理这些事，而并非老师一味地帮助。而且我知道："可以的，他一定行！"或许他诧异的是李老师怎么不过来了？李老师怎么不帮我了？而假装很忙碌的我，假装没有时间去帮助他，渐渐地，他停了下来，开始倾听小N对他的道歉。当我听到他停了哭声对小N说："你下次不要碰到我了。"我的内心仿佛悄悄盛开了一朵花，而我在这蓝天白云下，听见了花开的声音，嘴角不自主的上扬。我慢慢地向他们靠近，开始询问发生了什么事，当小N描述完毕后，我对小乐肯定地说："嗯，小乐，你真棒，小朋友不小心碰到你了，你学会了包容，表现真棒！"然后给了他一个大大的拥抱。然后我对小N说："小N你表现得很好，当你不小心碰到了别人，你主动和他道歉，我看见你安抚了小乐，谢谢你的道歉，相信小乐听了你的道歉后心里会舒服多了。我可以和你拥抱一下吗？"小N不好意思地点了点头。

我还是那个"孩子王"，只是现在身为"孩子王"的我多了一份专业上的支持与帮助，让我在带领孩子们的同时，陪他们玩得乐有所思、乐有所属！正如我坚信的"每一个孩子都是一位快乐的天使，他们能传播给予我们爱与力量"。正是这份爱与力量让我充满了能量，与他们一同前行。

爱是教育的灵魂，
只有融入爱的教育才是真正的教育。

# 爱的力量

羊芳能

　　爱，一个多么熟悉的字，每个人心中都有一份纯洁的爱。在学生时期，我读了《爱的教育》这本书，我知道了爱是无私的、伟大的，只有生活在爱的海洋里，才会真正地享受到爱，感受到爱。如今我已步入社会，成为一名教育工作者，在我身边每天都在发生着爱的教育，所接触到、感受到的故事也很多，且尤为深刻。

　　辰辰是个插班生，这学期中间才转来我的班级。男孩子总是活泼好动，辰辰也不例外。活动时间，辰辰在积木区玩着拼插积木，他计划要拼一个机器人。在拼机器人的过程中，辰辰需要用到长条的零件，他在积木柜里找了好久都没有找到合适的零件，这是他发现昕昕的积木里面有长条的零件，于是他将昕昕的积木里面的长条零件抢过来了，昕昕便向辰辰讨要零件，谁料辰辰居然动手打了昕昕，我赶紧上前去："你是不是很想要这个玩具？但现在请你去跟昕昕道歉。"辰辰指着昕昕威胁着说："你原不原谅我，不原谅我，我就打你。"这样的事情每天都在辰辰身上发生着，辰辰也成为老师的重点观察对象和小朋友讨厌的对象。

　　小朋友们总是来向老师告状："老师，辰辰又抢玩具了。""老师，辰辰又讲不好听的话了。""老师，辰辰又打人了。"在其他小朋友的心里，辰辰就是一个爱打人、不听话的小朋友。而我总是安慰小朋友说："你们可以教教他，要相信他一定会跟大家成为好朋友的，我们都是一个班的小朋友，要互相关爱。"经过对辰辰的观察，我也跟辰辰妈妈进行了沟通，据辰辰妈妈反馈，辰辰在以前的幼儿园跟其他小朋友玩的时候也会出现动手的情况，她也是用尽各种办法，但是并没有什么效果，辰辰依旧爱动手打人，她也很担心这个问题。在跟辰辰妈妈的交谈中，我了解到辰辰平时都是宅在家里，没有跟其他小朋友交流，平时调皮爸爸也会动手打他。所以我认为辰辰可能是平常缺乏跟其他小朋友接触，没学会怎么跟人相处，爸爸也喜欢用简单粗暴的办法教育他，导致他遇到问题都是用打人来解决问题。

在了解辰辰的情况后，我们班级的老师也开始商量怎么帮助辰辰跟其他小朋友和谐的相处。我们让班里很善于交往的大男孩涵涵带着辰辰，涵涵也很好地扮演着大哥哥的角色——上课、吃饭、睡觉，时时刻刻都带着辰辰，辰辰在班里开始有了好朋友。虽然辰辰有时候也会对着涵涵任性地发脾气。但是涵涵也总是选择原谅辰辰，并说道："辰辰还小，他长大了就不打人了。"涵涵对同伴的爱着实令人动容，这种爱也给班级的其他小朋友树立了榜样。

老师也经常在一日活动中观察着辰辰，时刻给他支持。我时常告诉辰辰："老师和小朋友们都很爱你，但是如果打人就会伤害到爱你的人，老师相信你能够跟其他小朋友好好相处，成为好朋友的。"辰辰似懂非懂地点了点头。但我相信，辰辰是有听进去的，用心记住的。

时间慢慢地过去了，辰辰好像慢慢地学会跟其他小朋友相处了，小朋友们的投诉也慢慢变少了。辰辰也跟老师交流说："爸爸现在在家也开始跟我讲道理了，不再是二话不说就动手打我了，也经常带着我去跟小区的其他小朋友玩，跟他们分享玩具。"我相信，辰辰的改变一定是我们对他的爱起了作用，是爱的力量感染着他慢慢地学会了去爱别人。

在这段陪伴辰辰的期间，还发生了一件让我很感动的事：我们要出去户外活动，辰辰在下楼梯的时候由于东张西望从楼梯处摔了下去，就在这时，我急忙跑过去，一把抱住了辰辰的腰，没有让他摔下去。虽然没有受伤，但是辰辰着实吓到了，便哭了起来，这可是辰辰来到我们班里第一次哭。我急忙抱着他去医务室检查身体，在医生检查完确认没事之后，我便带着辰辰回班里休息。在回班级的路上，辰辰开口了："羊老师，谢谢你。"我惊讶地回了句："为什么要谢谢我呢？""因为我刚才不好好走路摔倒了，谢谢你抱住我，没有让我摔倒。"我抱了抱他说："不用怕，羊老师可是很厉害的。"

似乎也是从那以后，辰辰突然变得很崇拜我，很信任我，开始听得懂我讲话了，因为他从心里体会到我是爱他的。有一天，辰辰对我说："羊老师，我有点喜欢你了，你是我的好朋友。"那一刻，我真的很感动，我亲眼见证了爱的力量，它让一个孩子对我不再抗拒，真心地喜欢我，跟我交朋友，让我真正感觉到作为一位老师的那种幸福。我看到辰辰的变化，真心感到很欣慰，感慨每个孩子都是可以教得好的，只要老师用足够的爱去感染他！

是的，教育就是爱与爱的传递，老师用爱去感受、感染每一个孩子，相信孩子们也会向他人和社会去传递爱并回馈爱！

让我走进童心世界，
和孩子们一起成长。

# 足球：不仅仅是足球

王相博

来到横琴中心幼儿园已经一年有余了，作为一位男教师，而且还要带领足球队"征战沙场"，平时自然对足球队那帮小家伙很严格，当他们在足球场上的表现不满意的时候总是很严厉地告诉他们应该怎样去踢球，平时也很少表扬他们，生怕这些小家伙们骄傲，然后不好好训练了。

大班组最后一节足球课结束的时候，我告诉他们，将来不管怎么样，希望他们能够坚持踢足球。足球队有一个小朋友问我："我们以后再也不上足球课了吗？再也不要每天早上去小学踢足球了吗？"我突然才意识到，我再也不能和他们一起在足球场上挥洒汗水了，再也不能带着他们去参加比赛了，想到这儿我鼻子一酸，决定再和这些小家伙一起多待一会儿。我们一起坐了下来，一年以来，每天训练踢球，虽然看着背影我都能喊出他们的名字，可是我都忘了去好好看看他们，忘了好好和他们聊聊天。

聊天的时候，小朋友告诉了很多我原来不知道的事。原来晟文的偶像是C罗；原来铧少的梦想并不是成为足球明星，而是一位科学家，即使他是我们队的最佳小射手；原来他们真的都很喜欢我，虽然我每天总是很严厉，虽然我总是觉得他们踢得还不够好，虽然我让他们训练时很辛苦。

孩子们不是运动员，足球对于他们不仅仅是足球，也是成长的阶梯。接下来，希望我可以做好扶梯人的角色，让孩子们能够在足球里得到更多的快乐。结束了最后一节足球课，我意识到我和足球队的小朋友虽然朝夕相处，但是我真的了解他们吗？不，我只是每天带着他们踢球，没有真真正正地走进他们的内心世界，没有和他们通过足球一起去成长，只是单纯地帮他们提高了足球的水平。

新的一届足球队员到来的第一节课，我就带他们先聊天，让他们敞开自己心扉，我觉得只有孩子和我敞开心扉，他们才能更好地融入足球运动，更好地在足球运动里成长。为此，我和他们约定每个月坐下来好好地聊一次天，说一次话。

# 慈母而严父：一个新晋班主任的角色

曹孜彤

转眼这一年即将结束了，作为一位新班主任，回首这一学期的工作，心里有很多感慨。作为一位班主任，我平时面对孩子时扮演着什么样的角色呢？我面对的是数十颗纯真、无瑕的心灵，面对的是数十个复杂多变的内心世界。班主任如何才能深入了解学生，及时掌握学生身心情况呢？我觉得班主任要摆正自己的身份，学会随机应变，要针对学生的心理特征，因材施教。

## 一、慈母的角色

漂亮的孩子人人都喜欢，教师不会因为孩子的美丑存在偏袒才是真正的爱，就像母亲的爱一样。作为教师，虽然一个班级有30个孩子，他们的家庭环境、先天素质与自身努力情况都不尽相同，但一定要做到一视同仁，尊重、信任、理解、热爱每一名学生。教师的爱应该是一种博爱，爱每一个孩子，关心他们的身体，关心他们的心理，关心他们的生活。谁都知道，老师在孩子心目中的地位是不可比拟的，一句鼓励可以让孩子感到无比的激动和自豪。天下的母亲都希望自己的孩子快乐，同样老师也应该让孩子看到自己点滴的进步，体验进步成长的快乐，增强继续进步的信心。教师要像母亲一样接纳孩子的行为，要像母亲一样善于发现孩子的长处，充分肯定他们的点滴进步。让孩子在充满鼓励与期待的沃土中成长，不能因为一点过失而让孩子在指责声中自卑地抬不起头来。对于所谓的"问题孩子"，更要给一点偏爱，倾注爱心、热情和期望，对他们取得的点滴成绩，及时给予表扬和鼓励。这样，在他们身上就会产生"罗森塔尔效应"。

第一辑 丰富多彩叙趣事

## 二、严父的角色

教师爱孩子，不是姑息迁就，不是放任自流，而是与严格要求相结合的爱。教师对学生的爱不应该是溺爱，而是在尊重学生的人格和感情，关心学生进步与成长，扶植学生正当的兴趣和专长的同时，也要严格要求他们。因为严格要求学生也是对他们的一种尊重。学生犯了错误时，该批评的就要批评，该处理的也一定要处理，没有规矩无以成方圆，只有把握好规则与界限，才能在班级中形成一个良好的、积极向上的舆论导向。

## 三、朋友的角色

用心灵去赢得心灵，用爱去交换爱。有一句名言叫"蹲下来看孩子"，教育者要蹲下来和孩子保持一样的高度，以孩子的眼光看问题、看世界，这样才能真正尊重孩子、理解孩子，也只有在这样的前提下，教育者才更有心去主动地创造充裕的时间和空间去了解、剖析、关爱孩子，为孩子提供最适合的教育。教育的平等不只是孩子之间的平等，更应是教育者和孩子间的平等，教育者和孩子之间的平等是平等教育、民主教育的基础。在教育孩子时，要动之以情、晓之以理、导之以行。在融洽的师生情感中，孩子才会把班主任的批评看作是对自己的爱护，把班主任的表扬看作是对自己的鼓励，从而引起情感的共鸣，自觉把道德要求和行为规范转化为自己的心理定式和良好的习惯，收到"亲其师，信其道，受其术"的效果。教师不要老是摆着一副面孔来威慑孩子，以维护自己"神圣"的地位。教师要用真诚的情感去热爱孩子、关心孩子、爱护孩子，富于同情心，就会受到孩子的爱戴，就能沟通师幼之间的心灵，孩子就会亲近班主任，从而在师幼之间架起一座信任的桥梁。

总之，班主任面对的是数十名性格各异的学生，如何进行有效的管理与引导，这就需要我们在平时的工作中去摸索、去探讨。我想：只要怀着一颗爱心，一种责任感，有科学的管理和教育方法，就一定能把班主任工作做好。

# 我是今天的"小老师"

张 芳

很多家长跟我私信说："孩子比较胆小，麻烦老师鼓励一下，让他变得更有自信一些。"面对这样的问题，我的内心是比较挣扎的，深感家庭教育的重要性和幼儿园教育的不易。一方面，看到很多比较心急和没有办法的家长；另一方面，看到很多不敢主动大方表达的孩子。遇到此类问题，我一般会先进行两个尝试。

## 一、了解家庭教育，商讨措施

跟家长做一对一交流，了解家庭教育的情况，了解孩子不自信的原因。原生家庭是孩子成长的第一环境，在家庭教育中注入什么力量才能让孩子变得自信，这是最关键的。家庭教育中，有以下几种情况，孩子会不自信，不敢表达，不敢说话。

### 1. 家长的过度保护

家长过多地溺爱和娇惯孩子，很多事情都替孩子包办，养成孩子"饭来张口、衣来伸手"的坏习惯。孩子依赖性增强，缺乏了锻炼的机会，当离开父母过集体生活时就会因为掌握的技巧太少，事事落后于其他孩子而导致缺乏自信。

### 2. 家长的过多批评

有些家长对孩子的期望过高，常常喜欢拿自己的孩子与其他孩子进行比较，一味地以"高标准"来要求自己的孩子，孩子因为很难达到父母的要求，遭受失败，缺乏成功的体验，渐渐养成了遇事畏惧、退缩的行为，对自己缺乏自信。

### 3. 家长与孩子缺乏交流

家长只注重孩子的衣食住行等物质上的需求，而忽视了孩子精神上的需求。家长很少与孩子交流沟通，也很少对孩子进行意志性格的培养。甚至有的家长因为工作忙碌而放任自己的孩子，没有一定的行为规范，孩子生活散漫、缺乏自制能力和上进心，影响孩子自信心的健康发展。

### 4. 家庭氛围不好

家庭夫妻关系不和、经常争吵，有家庭暴力或是离异家庭，让孩子在物质、情感和智力发展方面都得不到很好的满足，孩子在没有温暖的环境下长大，缺乏安全感，心理发展不健全，导致孩子自信心的不足。

了解家庭背景是属于哪一种情况之后，商讨相应的改变方法。因为只有原生家庭的氛围发生改变，才能让孩子的行为变得更快、更好。

## 二、班级鼓励，形成一个鼓励链

在班级内部，老师会设计一些活动，让那些不善表达的孩子有更多表达自己、展示自己的机会。比如，本学期设计开展的"我是今天的'小老师'"活动，就是将欢迎时间交给孩子，让孩子自己组织消息分享时间。在活动中，让孩子体验老师的角色，还能锻炼孩子的语言表达和组织能力。老师只是在旁边适时地引导一下就可以了。里面涉及日期、天气和人数的书画，"小老师"可以选择自己来写，也可以决定选择别人来写，有了相应的权利，孩子才能了解掌控的力度。孩子知道事情是在自己掌控范围内的，才有更大的自信心。

爱是教育的灵魂，
只有融入爱的教育才是真正的教育。

# 我与你一同成长

文 希

"希希老师，嘟嘟仔撞到我了，我的衣服都湿了。"宝贝拉着自己身上被淋湿的衣服皱着眉对我说。我看了一眼嘟嘟仔，他的眼睛立马从宝贝身上转移到与我对视，而脸上的表情也从笑变成了一脸严肃。我牵着他们的手向我怀里拉，然后用手臂抱住他们的腰，然后对他们说："我想知道发生了什么事？"宝贝说："我在喝水，他就撞到我了，然后衣服就湿了。"听完宝贝说，我转头问嘟嘟仔："是像宝贝说的这样吗？"他点头。我继续说："你撞到其他小朋友应该怎么办呢？你看她的衣服都湿了，穿湿的衣服会生病。撞到别人没关系，请及时和宝贝说对不起，下次请注意一点。"嘟嘟仔听完之后立即和宝贝道歉了。

但是，接下来的这几天……

"老师，嘟嘟仔捏我的脸……"

"老师，嘟嘟仔把饭弄倒了，地上全是饭……"

"老师，嘟嘟仔打我……"

"老师，嘟嘟仔说不文明的话，刚刚Lily老师听到他叫哥哥姐姐的外号了……"

班上的孩子一直不停地跑过来告诉我嘟嘟仔的事情，在那段时间，好像我每天最大的任务就是帮嘟嘟仔处理他和其他小朋友发生的不同事情……在事件发生的频次逐渐增加时，我决定先和他的爸妈反映一下他最近的表现，然后请他的爸爸妈妈给孩子做一些引导。但是，向嘟嘟仔的家长反映他的问题之后，我发现他被小朋友"投诉"的次数并未减少，反而他白嫩的身体上还增加了几块青色的痕迹。面对孩子的情况以及家长的反应，作为新老师的我该怎么办？怎样才能帮助嘟嘟仔减少被其他小朋友"投诉"的次数呢？怎么才能和他的家长进行适当的沟通？这些问题萦绕在我的脑海里，怎么擦都挥之不去。于是，我尝试着用理论来分析这个现象。

一次户外活动结束，小朋友们都马上收好自行车跟着Lily老师排队去了。我走在队伍的最后，发现只有嘟嘟仔坐在一辆自行车上在走廊里骑来骑去。当时大多数小朋友已将自己的自行车停好了，而我也记得我看到嘟嘟仔明明是停好了车的，为什么现在又……于是我走过去蹲下来对他说："嘟嘟仔，你不是已经停好车了吗？怎么又推着车玩儿？"嘟嘟仔皱着眉，用他的小手拽着我的手，焦急地打断我的话说："希希老师，我没有玩，是这个车停错了。它不是在这里的。"我停顿了两三秒钟，然后查看周围的自行车和车上的车牌，发现真的是这辆车停错了。然后，我不好意思地笑着，马上请求他的原谅："对不起，嘟嘟仔，你是想帮忙把车停回正确的位置上，是吗？"他点头。"那是老师误会你了，对不起，嘟嘟仔，你能原谅我吗？非常谢谢你帮忙整理自行车，谢谢！"他又点点头。"谢谢你原谅我。"说完我张开手，他也立即明白了我的意思，跑过来给了我一个大大的拥抱。而我带着对他的愧疚和感谢在他的额头上印上了一个深深的吻。当时他笑得好开心好甜，那个笑容就这样印刻在我的心中。

此次事件后，他只要帮忙整理自行车，我就给他一个拥抱。渐渐地，我发现他还出现了其他的变化，他会在上欢迎时间之前帮我整理书架上的书籍，而我在欢迎时间的时候为他鼓掌；他会在全员大扫除的那天认认真真地把每个小朋友的鞋柜擦一遍，而我会在大扫除之后将他的行为告诉全班的孩子，一起感谢他为我们的付出……不仅如此，同学们对他的描述也不一样了：

"老师，嘟嘟仔吃饭吃得好干净啊。"

"老师，嘟嘟仔刚刚帮我们一起收玩具王国的玩具。"

"老师，嘟嘟仔今天没有戴尿片，也没有尿床，他长大了！"

听到小朋友对他的肯定真的好欣慰，是的，他长大了，从被投诉到被肯定，现在的嘟嘟仔可是老师的好帮手呢。当然，我也把嘟嘟仔的变化和他爸爸妈妈说了，听到这个好消息，他们也为嘟嘟仔的成长感到开心和欣慰。原来除了嘟嘟仔，我也成长了。从嘟嘟仔最初的样子到现在，我领悟到了：在日常的教育中发生一些事情时，应当最先平静地了解事情的整个过程，在此之前，千万不要随便下结论，这样有可能会误会孩子。再者，每个孩子都渴望得到成人的肯定，而不是指责和批评。如果孩子长期生活在一种积极的、善意的期待和鼓励的氛围中，那么他就会在肯定中不断使自己的言行向期待的方向发展，不断取得进步。相反，如果你对孩子的行为"贴标签"，对某个孩子形成一个固定的印象时，孩子也会敏锐地感觉到这一点，会觉得老师对自己不公道，讨厌自己，因而与老师发生情绪上的对立、自卑以及不求上进。嘟嘟仔的成长时常提醒我及时给每一个孩子以肯定和鼓励，使每个孩子都能体验成功，得到赞许。

每个孩子都是一粒种子，
我愿做阳光，给他们以温暖；
我愿做雨露，给他们以滋润；
我愿做土壤，给他们以勃勃生机。

# 幼儿教师最需要什么？

张晓明

众所周知，教育是一种无私而又博爱的职业，幼儿教育作为基础教育的重要组成部分，是学校教育和终生教育的基础。作为幼儿教师，更需要用爱心和耐心来温暖呵护每一颗童稚的心灵。想要成为一名幼儿教师，尤其是一名优秀的幼儿教师是非常的不容易的。

在《幼儿教师最需要什么》一书中，作者分别从"幼儿教师最需要什么样的精神""幼儿教师最需要的专业素养""幼儿教师最需要的教育智慧"和"幼儿教师最需要的教学艺术"这四方面来阐述了怎样做好一名幼儿教师。确实，要做好幼儿教师这份工作，单靠热情是不够的，还需要我们充满爱心、痛心、和真心的付出；同时还需要我们老师间的相互配合，这就要求我们教师要具备良好的团队合作精神。不光这样，幼儿教师还应具有创新精神和终生学习的思想，才能不断提高自身的素质。在孩子的心中，教师是神圣的、无所不能的、完美无缺的，而孩子本身就有很强的可塑性和模仿能力，他们对于教师的一言一行、一举一动观察细微，感受强烈，而且还会不加选择的模仿。因此，幼儿教师也应该从自身的言语、行动中使孩子的思想、道德、行为等方面都受到潜移默化的教育，这比起对孩子一本正经的教育要有用得多。

幼儿教师的专业素养并不是简单的理论文化专业素养，而是要秉承着一颗尊重、关爱、宽容、耐心的心公平对待每一个幼儿。尊重就是让幼儿对自己充满自信，相信自己有能力做出正确的选择和判断，尊重幼儿就是不把成人的要求强加于幼儿，而是要鼓励幼儿发表自己的意见和看法，要发展幼儿的个性，就必须尊重幼儿的个性，尊重幼儿的心理发展。除了尊重，幼儿教师也应该有一颗宽容的心。宽容孩子的过失并不是姑息迁就犯错的孩子，而是采取和风细雨的方式督促其改正。孔子说过："过也，人皆见之；更也，人皆仰之。"可见，宽容是人的情感之一，它有一种巨大的人格魅力，能产生强大的凝聚力和感染力；宽容也是豁达和挚爱的一种表现；宽容还是一种深厚的涵养，是一种善待生活，提高自己内心修养的一种方式。

幼儿教育是十分琐碎、复杂的，面对这些天真可爱的孩子，我们不知道接下来会发生什么事情，教师也只能用自己的智慧去猜测和预料一些可能发生的事情，对于这些可能发生的事，教师可以事先做好解决的预案。但对于很多不可猜测和预料不到的突发事件，幼儿教师就只能利用自身的生活工作经验，凭借着平时积累的点滴的教育智慧去解决。幼儿一日活动中的上课、游戏、观察等活动同样能看出一位老师的智慧，同样一句话，同样一个意思，也许换种方式说就会取得不同的成效，这就要求幼儿教师在与幼儿交谈、游戏时要注意说好每一句话，尽可能地让孩子从心底接受这种方式，从而达到最大的成效。

每一个孩子都是一棵小树，作为幼儿园教师需要用心去欣赏、研读，呵护和浇灌每一棵小树，让他们健康、快乐地成长。

工作着并快乐着，

因为孩子在我心中，

我也在孩子心中！

# 师德随想一二三

张真真

## 一论：什么是"师德"

每每提及师德，师爱为魂、为人师表、诲人不倦、爱岗敬业等词就不绝于耳，从理论上来说，所谓师德，就是教师职业道德，是每一位教师在教育活动中必须遵守的道德规范和行为准则，以及与之相适应的道德思想、道德品质和道德修养。可以说，师德涵盖了教师的思想意识、语言行为、情感态度以及三观，是为人师的原则性要求。从每日的教育生活来说，师德是见面时给幼儿的温暖微笑，与幼儿交流时的认真倾听，向幼儿传授科学知识，同幼儿游戏时的耐心指导。让师德在我们的意识中生根，在我们的行动中发芽。

## 二论：师德的重要性

其实师德的意义对我们每一位教师来说都是不言而喻、了然于胸的，然而近些年来的虐童事件层出不穷，造成了极其恶劣的影响，在这里，我想借助这一事件从三个角度来论述其重要性：首先是社会角度，师德所体现的是国家统治阶级的思想纲领，影响的是整个社会的思想氛围，良好的师德是教师之本，是教育之本；其次是幼儿角度，幼儿教师是幼儿成长的引导者、合作者和组织者，是否具备完善的人格、良好的修养、扎实的学识直接影响着幼儿的成长发展，影响着幼儿的后续学习，良好的师德是幼儿成长的灯塔，是幼儿发展的基石；最后是教师自身的角度，教师这个职业干的就是良心活儿，要负起幼儿一生成长发展的重任，要对得起家长的信任托付，同时也是为自己人生的负责，我们需要培养高尚的品德，需要用高尚的品德修养指导我们的行动，良好的师德是我们专业发展的保障，是我们生命意义的体现。

## 三论：如何培养师德

培养师德离不开用理论指导实践，用实践完善理论。从理论思想层面来说，正如今年年初中共中央国务院出台的《关于全面深化新时代教师队伍建设改革的意见》中所指出的，把"突出师德"作为一项基本原则，着力提升思想政治素质，全面加强师德师风建设，用习近平中国特色社会主义思想武装头脑，培养"四个意识"，认真学习教师职业道德规范，发展专业理念，使自己的思想跟上时代发展步伐；从实践层面来说，幼儿园可以尝试推动师德建设常态化，开展师德月活动，创新师德教育方式，建立适当的奖励机制，提高教师积极性，教师自己应在反思、交流中学习，对待幼儿的错误多一分理解，对待幼儿的学习多一分认真，对待幼儿的不足多一分耐心，对待幼儿的生活多一分关心，对待幼儿的发展多一分信心，对待幼儿的成长多一分爱心。作为教师，我们理应做到将教师的职业道德内化于意识，外显于行动，为幼儿园的建设添砖加瓦，为幼儿的成长凝心聚力，为自身的发展保驾护航！

孩子像花儿，需要用爱心、耐心培育。

第一辑 丰富多彩叙趣事

# 幸福的种子

周妍

每个成长中的孩子都是一颗小小的种子，家长和老师究竟要给这颗小小的种子提供怎样的水土肥料，才能让这颗种子感到幸福，然后茁壮成长呢？

我想：一定是积极的行动和有爱的语言，两者缺一不可。

有一天，在沙池户外活动，我看着滑梯想，为什么老师不可以去滑滑梯，只能站在下面看着他们？难道老师就只是保护者，只要孩子们安全就可以了吗？好想知道孩子们在上面玩什么？于是，我就爬上城堡，当我上去的那一瞬间，孩子们立刻发现了我，但是他们并没有说什么，而是想要和我碰一下或拉个手，然后邀请我去滑滑梯。之后，我和几个小朋友开始了乐此不疲的滑滑梯之旅，一个接着一个，不断重复着上上下下。阳阳在每次滑滑梯下来之后都会说："再来一次。"我说："可以。"他会兴奋地挥舞着小手，安排好我滑滑梯的位置，用眼神告诉我可以滑了，滑下去之后站在旁边等我。之后，我们因为各自想要去玩的地方不一样，就自然而然地分开了。

我想阳阳应该从我的加入中感受到开心，所以主动发出了邀请，还会进行初步的游戏安排。教师要用有爱且有力的行动为孩子营造一个充满安全感的氛围，这样孩子才能真正专注于自身的发展。

午睡时间，我给所有小朋友讲了一个小粉和小粉妈妈搭公交车去华发商都用夹娃娃机夹到新年礼物小黄鸭的故事。下午起床梳头发的时候，彤彤说："老师，你今天说的小黄鸭就像溪溪的小黄鸭，对吧！"我惊讶于小朋友的推理能力，她对这个世界观察的细腻程度是我们无法想象的，我只是简单描述了一下小黄鸭的外形，她就联想到好朋友的玩偶。几天后的户外活动时间，在摇摇车上，小朋友们都说要刷卡刷卡，我很奇怪，以前不是直接上来就可以。我问他们为什么，他们说："这是公交车，上公交车要刷卡的。""好。"在我刷卡的时候，小朋友们还自动为我配音"滴滴滴滴滴……"每个人都要说一下"滴"。

　　会不会是我的故事给了他们启发？我不知道。但是我还是继续坚持给他们讲各种各样的故事，也许他们在听的时候并不十分明白，但等到他们哪一天接触到故事中的内容，就会突然明白，让故事中的模糊概念和现实产生联系，更好地建构发展自己。

　　作为一位老师，一定要知行合一。用点点滴滴的行动和关心爱护孩子的语言，才能给孩子真正的爱和自由。就像泰戈尔说的："让我的爱，像阳光一样包围着你，而又给你，光辉灿烂的自由。"只有这样的爱和自由，才能让幸福的种子茁壮成长。

牵着孩子们的手，快乐地迎接每一天！

# 一封待寄出的信

曹孜彤

亲爱的孩子们：

今天是2019年10月1日国庆节，是我们伟大的祖国70周年的生日，也是你们幼儿园毕业的第96天。这不知道是我第几次提起笔想给你们写信，想写下还未对你们说出口，且在你们这个年龄段还不能理解的心里话。

一年前，我接手了这个重组班级，我记得开学的第一天，天气晴朗，幼儿园举行了隆重的开学典礼，锣鼓喧天，欢迎你们加入横琴中心幼儿园。在你们毕业离校的那天晚上，你们和爸爸妈妈为老师们举办谢师宴。然而因为学期末的班级环境整理老师迟到了将近两个小时，但是你们没有闹，没有喊饿。你们说："我们不饿，等曹老师来了我们再吃饭。"老师很感动，也很心疼你们。离别时你们的一句句："老师我爱你。""我会经常来看你的。"在这个离别的关口，尽管老师平时总是教育你们要坚强，但是也不禁心酸落泪。

在过去的96天里，你们在微信上跟老师分享了精彩的生活：有的小朋友去游览祖国的大好河山；有的去学习游泳、跳舞等技能；也有的在家里帮助爸爸妈妈做力所能及的事情。更让我开心的是你们都已经背上书包走进了小学的校园，成为一名小学生。一切都是这么的有趣，老师感叹你们一下子就长大了。

在我们彼此陪伴的365天里，经历了许多事，开心的、失落的、难过的……但是我相信在未来你们回想起来，一定都是甜蜜的。作为见证你们幼儿阶段成长的人，想借着这次机会，最后再嘱咐你们一次。

我国有一位文学家胡适先生，他曾以"勤谨和缓"四个字作为良好的治学习惯。你们已经跨出幼儿园之门，步入了小学。记得我们大班的时候去小学参访，很多小朋友提问为什么小学的教室没有玩具。是的，小学的学习模式跟幼儿园不太一样，小学要学习很多门功课，不像幼儿园每天都在玩游戏。对于你们来说压力是有的，老师理解你们，也不要求你们学习成绩要多好，但求你们用功读书，竭尽所能，做到问心无愧。在做学问的路上，我认为胡适先生的"勤谨和缓"四个字可以给我们很好地借鉴和启示作用。

勤，是勤劳、勤奋。学生时代，家长督促和老师教导要好好学习、天天向上。何为勤？为考试合格、为某项荣誉和某次表彰，也为一种认可、一种自我效能感。"书山有路勤为径"这句话也说明了勤的重要性。那勤体现在哪里：一是学习之勤，我们要用功读书，常学常新。虽然读书不是唯一的出路，但也是一条捷径；二是思考之勤，"学而不思则罔"，思考破局，方能顶天立地。智慧始于思考，只有多思考，才能将学到的知识举一反三、融会贯通；三是运动之勤，身体是革命的本钱，多锻炼身体，保持健康的体魄，才能更好地学习和生活。

谨，是严谨、恭敬。毕业典礼上你们为爸爸妈妈们展现了成熟的一面：穿着博士服的你们自信、懂事，胸口的小领结异常鲜艳。你们的节目表演也获得了大家的赞赏，这都得益于"谨"。毕业典礼前一天晚上，你们回家后把博士服洗得很干净，熨得很整齐，所以你们在台上显得非常精神。所谓"台上一分钟，台下十年功。"精彩的节目呈现也是因为你们前期非常投入、严谨地排练：在哪个音乐出场，在哪个鼓点变换队形，做什么动作你们记得很清楚。除了毕业典礼，这一学年，幼儿园大大小小很多活动你们都非常认真的参加。对事严谨细致，对人真诚恭敬，正是秉承这种态度，你们成长的速度非常喜人。

和，是虚心、包容。很庆幸，你们学会了管理自己的情绪。尽管有时候你们会不开心，也会跟其他同伴发生矛盾、出现情绪。但是老师说过有情绪是可以理解的，我们也要学会去管理自己的情绪，不要让心里的"小怪兽"跑出来。在这一年时间里，你们有时会为一些小事感到生气，但是等你们冷静下来的时候，你们会发现其实这些并不是不可调和的。很快你们又能恢复笑容一起玩耍，这样的心态是很可贵的。在学校，如果有跟同学发生不愉快，你们可以面对面沟通，把你的想法表达出来，同时尊重对方的想法，这是最理想的状态。学会保持心境平和、沉着镇定，用虚心求教、兼容并包的做法，与人为善。

　　缓，是和缓、从容。教育就是一个优雅而缓慢的过程，老师也很想把我所知道的所有东西都教授给你们。但是这样对于你们来说不是最好的方法，我认为老师应该创设条件让你们自由去探索、尝试，哪怕是错了也没关系，我们可以从头再来，想想问题出现在哪里，然后一起将其攻破，在这个过程中，老师一定会在旁边给你们支持。进入小学你们也要知道，所有事情不是一蹴而就的，而是靠你们平日的勤谨努力、一步一步的从容稳步而来，不要急于求成。平时应该多用功、多积累，因为厚积才能薄发。

　　勤谨和缓，治学要诀。有了好习惯，当然就有好的方法，有好的结果。虽然我现在不再教你们，但是我希望往日我给你们的教育对你们的人生是有正面作用的。我不知道毕业一年、两年或数年后，你们是否还会记得我，又或者你们会如何回忆我，但是我很幸运你们的成长之路中有我的参与，也感谢过去一年你们成就了一个更加坚强、专业的我。在未来的求学路上，希望你们能勤谨和缓、心怀希望、从容自由！

# 第二辑
# 童言稚语话童真

**02**

# 我与我班的"小蜗牛"

## ——我和孩子的故事

郑月明

我是一位幼儿园老师，已经工作五年了，身边有一群可爱的"小精灵"，他们会给我带来许多快乐，总是让我意犹未尽！

在横琴中心幼儿园住着这样一群快乐的小蜗牛……"下雨啦，下雨啦！蜗牛最喜欢下雨天了！"

广博是班级里最有号召力的小男孩，他主动发出游戏说："老师，要不我们也扮演成一只蜗牛？你是蜗牛妈妈，我是你的孩子。""这个听起来很有意思，我想试试。"孩子们兴奋地拍手："好呀，好呀，我要变成你的蜗牛女儿。我也是，我也是……"孩子们纷纷扮演起来。

小蜗牛："我会唱歌，一闪一闪亮晶晶，满天都是小星星……"

"我会跳舞，还会'一字马'呢！"

"我会讲英语，ABCDEFG……"

"我会讲故事……"

妈妈："我很幸福有你们，你们懂得真多！"

一路上小蜗牛问妈妈："为什么我们从生下来，就要背着这个又硬又重的壳呢？"

妈妈："因为我们的身体没有骨骼的支撑，只能爬，但又爬不快。所以，我们需要这个壳的保护！"

小蜗牛："毛毛虫姐姐也没有骨骼，也爬不快，为什么它却不用背这个又硬又重的壳呢？"

妈妈："因为毛毛虫能变成蝴蝶，天空会保护它啊。"

小蜗牛："可是蚯蚓弟弟也没骨头，也爬不快，也不会变成蝴蝶，它为什么不背这个又硬又重的壳呢？"

妈妈："因为蚯蚓弟弟会钻土，大地会保护它啊。"

小蜗牛哭了起来："我们好可怜，天空不保护我们，大地也不保护我们。"

蜗牛妈妈安慰小蜗牛："所以我们有壳啊！我们不靠天，也不靠地，我们靠自己。"

小蜗牛："对呀，我们靠自己，我们有很多本领，而且我们是快乐的小蜗牛！"

高尔基曾经说过："游戏是儿童认识世界的途径，他们生活在世界里，并负有改造它的使命！"在幼儿园的生活中，与孩子们一起做游戏已经成为我生活中的一部分，谢谢这群快乐的"小蜗牛们"，你们小小的举动，将会成为我心目中的奋斗力量。

**教育感悟：**爱是教育的灵魂，只有融入爱的教育才是真正的教育！

# 每天进步一点点

陈雨峰

行走在幼教路上，无时无刻不在感受着爱与被爱，常常感动于孩子们纯真与无邪。与孩子相处的时间越久，便越能感受到幼教这个行业的神圣，我的幸福指数持续上升，对孩子的喜爱之情溢于言表。而作为师者，最大的幸福莫过于看到孩子每天进步一点点。

某天，泽泽突然跑过来紧紧地抱着我说："陈老师，我最爱你了。"我问他为什么最爱我。他说："因为你对我最好，我做错事你会跟我讲道理，不会批评我。"其实，在接KC3班之前，我就对泽泽的那些事儿略有耳闻，每个老师口中的泽泽都是那么"奇特"。刚开始接触泽泽的时候，泽泽表现得很活跃，有时候喜欢起哄，午睡的时候比较不易入睡，不仅自己不睡，还喜欢各种折腾，影响其他小朋友午睡。有一天，我发现泽泽喜欢看书，但是他只能根据图画猜测书的内容，他过来找我："陈老师，你可以读这本书给我听吗？""当然可以啊，我很乐意。"从那以后，我和泽泽成了好朋友，我把泽泽的一些行为编成一个个故事，听完故事之后，泽泽有了自己的是非辨别能力，知道哪些行为是可取的，哪些行为是有待改正的。然后泽泽也会淡化自己的一些不可取行为。现在的泽泽给我很大的惊喜——每天开心来园，待人有礼，极少出现动手的行为，午睡情况也有了很大的改善。

妞妞在进餐时有点儿挑食，遇到不爱吃的都会嘟着嘴巴说："老师，我不喜欢吃这个。"一天我与孩子们分享了绘本《多多什么都爱吃》，并在进餐时鼓励妞妞每天比昨天多吃一点儿。例如：妞妞不爱吃提子干，我就对妞妞说："提子干是提子经过太阳公公的暴晒变成的，幸运的宝贝才能吃出阳光的味道。"我发现这个办法挺奏效，现在妞妞已经变得什么都爱吃了。

我们陪着孩子，每天进步一点点，一点点就好。

第二辑 童言稚语话童真

# 当"事故"变成了故事

林津谊

　　提笔写下这个题目的时候，我不禁想要发笑，在我正式成为一位幼儿园老师之前，我满心期待并充满向往地想过我会和"小天使"们发生什么样的故事呢？我一定要努力成为一个时刻优雅、淡定的老师，和可爱的孩子们过着童话故事般温馨的生活。结果，现实告诉我，当你遇上了一群孩子，会发生的不只是故事，还有各种各样的"事故"。孩子对世界总是怀抱着一颗好奇的心，一些我们习以为常的事情，孩子却总是像个发现新大陆的探险家一样，仔细观察，小心求证，打破砂锅问到底。

　　这天早晨体能活动的时候，在平衡梯的过道边孩子们里三层外三层地围在一起，把过道堵得水泄不通，究竟是什么引发了这场"交通事故"呢？

　　吸引孩子的必然是孩子感兴趣的，我并没有因为他们停止了晨练而去制止他们的行为，而是耐心地询问："你们怎么都停在这里了？能告诉我发生了什么事吗？"小彬站在圆圈里大声地说："老师，老师，我们发现一只死掉的青蛙！"围在外圈不知情的小朋友都惊呼起来："天哪，为什么会这样？"听到有小动物的尸体在里面，我第一反应就是赶紧疏散孩子们，毕竟如果小青蛙的尸体已经腐烂，围堵在这儿只会使空气不流通，从而滋生细菌导致孩子感染疾病。"请交给我来处理，你们继续晨练吧。"显然，我低估了孩子们的求知欲和好奇心——"老师，是不是我们在这里跑步不小心踩到它？""小青蛙怎么办？我们去找医生姐姐吗？"

　　孩子们关于这起交通事故的起因和后续处理的问题一个个接踵而来，看来要一一解答的话，晨练就需要停止了。在例行晨练和一次随机教育里，我很快做出了抉择。我们经常鼓励孩子们发现了问题就要去解决问题，难道现在却要让他们把疑问吞进肚子里吗？当然不是，我请孩子们先散开，站在距离小青蛙较远的地方，保证空气的流通，然后提出问题，引导孩子们想想小青蛙为什么会出现在这里，它发生了什么意外？孩子们争先恐后地说："因为这里有草地！它住在附近。""它出来做早操就被我们踩扁了！"听了孩子们的回答，我接着抛出问题，引导孩子们去观察细节。要知道，推断一件事情的发展，除了大胆假设，还得小心求证。"可是它的身上没有脚印啊，而且它这么大，你们可以一脚踩扁它吗？"孩子们陷入思考，慢慢有了不同的看法，有人提出猜测："可能是力气大的老师踩的！"有人推翻猜测。"老师们走路都有看路啊！"这时小涵看了看湿漉漉的草地说："昨天下了雨，小青蛙是不是被雷劈死的？"小朋友们开始讨论这个假设的合理性，我们对草地和附近的现场进行了勘查，发现了一块木板。最后大家推理出小青蛙应该是在暴雨天出门，不幸被风刮起的重物打扁……孩子们纷纷对小青蛙表示了同情，商量好如何处理后，孩子们找来纸巾，并拜托我帮忙。

在这次的"交通事故"里，教师全程只是作为一个旁观者加入讨论。

# 猜猜我去了哪里?

陆日凤

回顾时间到了，今天小朋友们和自己身边的小伙伴进行回顾。我听到茸茸对子轩说："子轩，你猜猜我去了哪里？""不知道。""我刚才去了娃娃医院，我和林禹岐一起玩，他叫我媳妇儿，我叫他老公。"茸茸自豪地向子轩介绍着自己的工作内容。

孩子们用稚嫩的声音回顾着自己工作的内容，子轩时不时地加入自己的看法，两个小朋友讨论得津津有味。4岁的孩子对生活中的角色有了一定的认识，模仿能力也逐步在加强，通过平时生活中的观察，把家庭中的角色通过游戏的方式呈现出来，是一种生活经验的迁移。孩子在这个过程中会去模仿平时听到的角色对话，看到的角色行为，用自己的方式建构一种属于他们的游戏角色，并带着角色进入工作中，社会性得到发展的同时，语言能力、合作能力、解决问题的能力会得到提升。我们作为幼儿学习的支持者、合作者以及引导者，应创造更多的环境和氛围支持孩子们的这些社会性学习，让孩子们在玩中习得更多的生活技能。

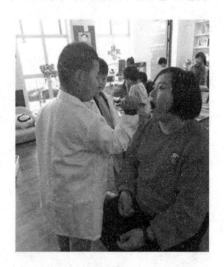

> 让每个孩子快乐地成长，
> 让每个孩子接受平等的关注和关爱。

# 打翻了的"趣事盒子"

岳绪俊

伴着秋凉，气温终于卸下了"2字头"的开端，现在的天气真是极好的，所以连上班的心情也是那么的愉悦，更何况还有我们班那一群"宇宙无敌可爱精"打翻了"趣事的盒子"，每天都在上演一幕幕故事大戏。

## （一）

一大早入园，刚进教室，发现已经有一个小朋友来得比我更早，听见响亮的问好声，我忍不住问道："依依，你怎么这么早？"依依得意地说："我昨晚9点就睡了，现在我的习惯都是早睡早起呢，早上6点就醒了，爸爸妈妈都需要我把他们叫醒。""真厉害，给你点赞！"我连连说道。心想："嗯，这和我以前认识的依依不一样了，以前都是其他小朋友吃完早餐才会看到依依来园的身影，现如今可真是势头大好啊。""依依怎么做到的呢？爸爸妈妈要求你早睡早起的吗？"我又问。她说："才不是呢，我现在上大班了，但是我的身高在我们班还不高，我要早睡早起，这样才会长得更高。"哦，原来这学期我们进行的"数字主题"涉及身高这个项目"刺激"到依依了，真希望这样的"良性刺激"被其他小朋友也接受，想想就很开心。

## （二）

"岳老师，你什么时候生宝宝啊？"小勇问。我说："还没这么早呢，怎么了朋友？""你赶紧生吧，我家有好多玩具，到时我可以送给他玩。""太感谢你了，到时他出生了一定会谢谢你的。"小勇笑着说："不客气。"欢欢又走过来问："岳老师，你怎么这么年轻就要生宝宝了，我妈妈之前生我的时候都有点老了。""没有啊，欢欢，我觉得你妈妈很年轻呢，你怎么会觉得她老呢？""我觉得我妈妈就是会老些，不过我还是爱我的妈妈。""孩子，爱妈妈就对了，她之前生你的时候可是很辛苦的呢，要好好爱妈妈，知道吗？"欢欢点点头应着："嗯。"结束了这段对话，我心里也莫名地开心着，可能是夸我"看起来年轻"，更是因为孩子们难得的那份爱吧。

## （三）

吃完下午茶，小云来到我身边问我说："岳老师，你知道赵云是谁吗？""赵云？嗯，我想想，不知道，他是哪个娱乐节目的新星吗？"我这么回答是因为她经常和我说她看了哪些娱乐节目经常会有哪些明星，她还说最喜欢鹿晗和杨颖。她回答说："不是啊，他是《三国演义》里面的人物啊，中国四大名著之一，四大名著有《西游记》《红楼梦》《三国演义》和《水浒传》啊，岳老师，我建议你去看看。""我知道四大名著啊，我还知道……"说了几个名字之后小云说："那我刚才问你，你怎么说不知道呢？""世界上同名的人太多了，我不知道你说的是哪个赵云啊，你思维跳跃太大了，不过岳老师接受你的建议，有的四大名著里的故事情节我都忘了，我可以去再去看看，小云你好厉害，已经在看四大名著了啊，朋友有前途，加油！""我哥哥上小学，他看的一些书，我也看呢！""嗯，这是一个好习惯，给好学的你点赞哦！""那我下次再来给你出题啊！"小云说。我回答："好呢，期待你的新题目。"真为我们班好学的孩子感到高兴，这是多好的习惯啊！

## （四）

早上足球队的体能训练结束归来，已经快9点了，我们班三个小小"足球员"赶紧拿起早餐吃起来，吃完了早餐，发现只剩下两瓶牛奶（早餐后每个小朋友都会喝一瓶牛奶的），典典说："岳老师，我们还差一瓶牛奶，需要去隔壁班借一瓶。"说完他就出了教室，过一会儿回来后说："岳老师，这会儿太晚了，三班和五班都已经收餐了，没有多余的牛奶了，可是这样就会有一个小朋友没有牛奶喝。"我说："那怎么办呢？"典典说："可以分着喝啊！""怎么分呢？牛奶是瓶装的啊，不可能插两只吸管各用一根吧？""我有一个办法，可以把牛奶瓶拆开倒在杯子里分着喝。""这真是一个好办法，我怎么没想到呢，典典，你真棒！"于是，商量好了的三人拿着杯子分了两瓶牛奶，他们喝得挺香！看他们多开心啊，不过更开心的是看着他们喝牛奶的我。

　　幼儿园就是一个开心乐园，每一天，有趣的故事都在不断上演，这些故事就像是一颗颗珍珠，串起来就是那童年的"美丽项链。"

# 童稚趣语录

廖炎梅

## "这个床好坚固啊！"

郭大卫在床上扭来扭去，时而撅起屁股，时而将头探到床外，一刻不停。

"呜呜呜……"刺耳的哭声从大卫那里传来。

"你怎么啦？"我走过去问。

"呜呜呜，撞到头了，呜呜呜……"大卫一边哭一边说。

"头撞到哪里了？"我继续问。

"这里，呜呜……"大卫指着床沿说。

"是不是很痛啊？"我摸着他的头说。

"呜呜呜，这个床好坚固啊！呜呜呜……"大卫嗷嗷哭着说。

## "因为雪梨太丑了。"

郭大卫在餐桌前吃了一会儿水果，就把碟子端到我的面前，说：

"老师，我不想吃了。"

"你还有雪梨没有吃呢。"我说。

"我不想吃了，老师。"大卫皱着眉说。

"雪梨可是对身体很有好处的，要多吃一点。"我说。

"我不想吃雪梨。"大卫继续摇头。

"为什么不想吃雪梨呢？"我问。

"因为雪梨太丑了。"大卫说道。

## "它怎么不走开？"

户外活动，大卫骑了一辆有后座的单车。一路上骑得摇摇晃晃，眼看着和其他孩子越离越远。我只好跟着他，陪他一起骑。骑着骑着，大卫的单车和路边的一棵大树"碰瓷"了。大卫使劲拖拉单车，但是单车岿然不动。这时候，大卫着急起来了：

"老师，单车出不来！"大卫一脸着急地看着我说。

"你怎么和树撞一起了？"我问道。

"是呀。"大卫又在使出全力搬弄车头，结果单车还是不动。

"老师，单车出不来啊！"大卫又看向我说。

"你要想想办法把单车弄到路上来。"我说。

"哼，讨厌！"大卫用手拍了一下树，说："老师，这棵树怎么不走开？！"

每个孩子都有一份纯洁和快乐，我奉献着，也收获着。

# 午睡趣事

马墁俪

"小小花园里，红橙黄蓝绿，每一朵小花都美丽……"每天伴随着这首《天父的花园》，KB4班的小朋友们从午睡中醒过来。这一天，安静的寝室突然被睿睿的声音打破，他坐起来揉了揉惺忪的双眼，目光在寝室里无意地搜索着，他发现了我，顿时嘴角上扬并奶声奶气地说了一句："下午好！马老师。"我回应："下午好，睿睿。"于是一些孩子坐起来也跟着说："下午好，马老师。"不知为何孩子们开始"咯咯"地笑起来，嘻嘻哈哈的欢声笑语充斥了寝室。接下来的几天里，睿睿总是第一个坐起来，脸上挂着如冬日里温暖的阳光般的笑容，用奶声奶气的声音跟我说："下午好！马老师。"作为一位老师，我的心里是暖洋洋、美滋滋的。孩子总是有魔力将你吸引，并让你从心底滋生出爱的感觉。

一个学期过去了，KB4班每天的下午都是这样开始的。孩子们经过午睡以后消耗了身上的急躁情绪和早上的匆忙感，所以我每一次看着他们午睡后的样子就觉得孩子像捋顺了毛的小绵羊。

## 我想听多萝西的故事

"马老师，今天我想听多萝西的故事……"最近几天，孩子们总是要求听多萝西的故事，其实就是《绿野仙踪》，这是在睡前故事的时间被孩子点名最多的故事。孩子们很喜欢里面的人物，慢慢地，在午睡后也会讨论这个想要聪明脑袋的稻草人、没有油的铁皮人、胆小的狮子，还有善良、勇敢的多萝西。这本经典著作是我在大学儿童戏剧课上接触到的，我个人也很喜欢，无论是人物设置还是故事情节、对环境的创设都引人入胜。

睡前讲故事是我们班老师一直在坚持做的事情，我认为孩子的世界应该是由童话、故事构成的，在故事中，孩子的思想能够邀游，想象力飞出课室到他心中的王国。所以我挑选睡前故事也是有所选择的，尽量选择有较强的故事情节，故事的语言是丰富且易懂的。在我讲故事的时候尽可能地描述具体细节，让孩子能有画面感，面对孩子不懂的词汇可以给予简单地介绍，间接地给孩子一些生活经验，扩充孩子的词汇量。孩子语言发展的研究结论表明：丰富的语言输入对孩子语言的输出是有影响的。

后来，我发现孩子们对《绿野仙踪》的故事越来越感兴趣，会主动地去阅读这本书，并要求老师重复讲，于是我们全班还欣赏过一次《绿野仙踪》的影视作品。孩子们看完以后更加喜爱这个故事。我有一个想法，希望下学期能够开展一次关于《绿野仙踪》的戏剧表演活动，深度阅读这个故事，让孩子在这个过程中获得快乐的体验。

# 天空是什么颜色的?

张萍萍

开学至今,孩子们对数字的结构已经非常了解了,在他们对数字了解的基础上,我们开展了小组活动"数字去旅行",让孩子们创意变形或联想添画。

孩子们开始自由绘画了,画完数字再添画具体环节,有的画小鸟,有的画白云,还有的画太阳……孩子们的画充满了想象,也透着他们经验的积累。当部分幼儿拿着完成的作品来到我身边时,我拿着金鹏的画随口问道:"天空呢?画上天空吧,鸟儿在美丽的天空飞翔该是多美的画面呀?"金鹏指着白色的底纸说:"这就是天空。""嗯?天空怎么是白色的?"我好奇地反问道。我刚想把"天空是蔚蓝的"答案告诉他时,突然一种意识告诉我,应该先听听他的解释,听听孩子心中的答案。"金鹏,你为什么说天空是白色的?你是怎么知道的?"我问他,他便拉着我的手跑到阳台外面指着天空说:"张老师,你说要注意观察,那一天我跟爸爸妈妈去海滨公园放风筝的时候,我就发现天空是白色的。"听到他的回答,一旁的哩哩说:"天空是透明的。""不对!是蓝蓝的。"一言说道……

天空到底是什么颜色的呢?孩子们的答案出乎我的意料,真是一鸣惊人!望着争论已多时的孩子们,我不再按常规让他们回家去找答案,明天再来告诉大家,而是及时地打开电脑登录网站去寻找答案,让孩子们知道他们的答案都是有道理的,让他们看到为什么不同孩子有不同的答案,原因是什么。在观看中,孩子们进一步了解了天空的组成像深水处海水的湛蓝、内港海水的混浊、不同海域交汇处海水的颜色变化等。

这件事让我深感欣慰。反思一下,如果当时我当即打断金鹏的话语,直接把答案告诉他,并不能真正地让他明白这个知识,也就听不到孩子们各抒己见的议论，更不会生成这个活动，带给孩子丰富的知识，扩展他们的经验积累。所以，尊重孩子，抓住教育契机需要老师从实际入手。我庆幸自己正在日常的教育中领会并落实。

# 老师，亲亲我

施 雯

来到KC5班这个大家庭已经两个月了，认识了许多的"新朋友"。在这将近2个月的陪伴和生活中，也慢慢地融入了他们。令我印象最深刻的一个孩子莫过于Peter！

记得还没进班之前，张老师就单独告诉我班上有一个俄罗斯和菲律宾混血的儿童。第一次见他，我就觉得这个小朋友非常帅气、可爱，还很有个性。后来我观察到可能因为语言的障碍，他总是喜欢一个人玩。为了跟他能正常交流，我几乎用尽了自己所学过的日常交流用语，希望能拉近跟他的距离。这样的陪伴终于有所升华，每次将要外出户外活动的时候，他都会跑过来对我说："老师，跟我一起玩？"我知道这是他会说的为数不多的几句中文的其中之一，我很高兴地接受了他的邀请。"好啊！"然后张开双臂给他一个拥抱，这是我给予孩子真挚的回应，然后他就会在我的脸颊上亲一下或者把我的脖子抱得紧紧的。每当这个时候，我和孩子的心情一样，都是幸福的！

记得有一次，我在打扫卫生，一个孩子在我旁边说："老师，我亲亲你吧。"我说："老师现在忙，等有时间了，再让你亲，好不好？"那一瞬间，我看到笑容从她的脸上慢慢地消失了，我的心里也不由得变得阴霾起来。

或许孩子的心情就像六月的天，变化很快，没过几分钟，她又对我说："老师，我亲亲你吧。"这一次，我没有拒绝，放下手中的活，蹲下让她亲了一下，没想到她亲完我后笑着跑了，还对其他小朋友说："刚才我亲老师了，老师喜欢我。"我扑哧一声笑了，原来满足孩子的心愿，他们竟是那么的高兴。

都说孩子是牵着上帝的手来到这个世界上的，在孩子的世界里体验他们的快乐是幸福的，我想没有任何一样的东西能取代孩子们天真无瑕邪的笑容，我的快乐将与孩子同在。

# 以梦为马　不负年少

胡泽婷

当我看到这个题目的时候，脑海中回闪过从教这么多年来，与孩子们的点点滴滴。曾经的那些生气、难过、劳累、心酸都消失不见了，剩下的是孩子们大大的笑脸、是拂面的清风、是温柔的阳光。

我想我是幸运的，因为每次遇到的他们都是如此的合拍。我们之间没有发生过一些很特别的事情，无非日常的嬉戏打闹，但我认为就是这些琐碎的小事情才是最有直达人心的力量与感动。我想和大家分享一些发生在我们之间的小故事。

关于悦纳自己。一天的午后，飞飞坐在沙发上，拿了一本绘本，便开始绘声绘色地讲起故事来了。故事仅仅开了个头，周边就围了一群小伙伴说："飞飞讲的故事可真好听啊！"。后来我们在聊天的时候，依依告诉我："飞飞是班上最厉害的小朋友。""哦，为什么呢？"我很好奇地问。"因为他认识很多的字，他都可以自己看书啦。""那你呢？你不厉害吗？""不！我也是班上最厉害的小朋友。我唱歌最好听了。"依依说道。这是盲目的自信吗？不，我想：这是只有内心有足够的安全感、有足够的力量去相信自己的人才能说出来的话语。是欣赏别人，也是对自己的肯定。

关于梦想。在读书节的"职业服装秀"期间，我们聊了关于长大、关于职业的事情。玥希告诉我，她要当公主。"可是，你现在就是一位公主了啊。"仔仔说。"不，我现在只是普通的公主，我要当最特别的公主。"玥希说。"什么样的公主才是特别的呢？"仔仔问。"我要成为跑得最快的公主，这样坏人就抓不到我了。"玥希说。"不可能的，没有比坏人跑得快的公主。"仔仔说。"我就是啊，你看我每天都练习跑步，要跑好多圈，我会比坏人跑得快的。"玥希回答。关于梦想，我们很多时候都是说说而已，而玥希小朋友却告诉我，要去行动、要去做。

很感动，在这些年里孩子们教会了我很多的东西。如难过之后能重新把微笑挂在脸上；遇到困难能主动寻求他人的帮助；在吵架过后，能很快地和解等。大家对师生关系都有着各自的解读，我想，对我来说，我和他们的关系是一路同行的人，而我不过仗着年长一些，希望能用我的阅历在他们前行的路上照一点亮；他们用纯真的笑脸、旺盛的好奇心、善良的举动，在我前进的路上告诉我要勇敢。真的很好奇长大的他们会是什么样子？我要他们健康快乐；我要他们朝气蓬勃；我要他们成为自己喜欢的样子。

# 老师，你慢慢来

周玉琼

早晨入园，哩哩开心地来到幼儿园，我看到这个可爱的小姑娘很开心，便张开双手等待着她来到我的怀抱，她曲线形饶过我冲向了梁老师，并从后面抱住了梁老师。我和哩哩妈妈好不尴尬。

户外活动回来，给孩子们换衣服，我和梁老师各据一点，哩哩刚好在我身边，我开心地说："哩哩，我帮你换衣服吧？""我去找梁老师换。"她拖着书包舍近求远地去找梁老师了。

我说："一言，抱抱。"她去抱了梁老师。

我说："阿B，我们牵手吧。"他去牵了梁老师。

我很失落，我很喜欢孩子们的，这到底是怎么回事？我今天没有朋友了，好难过。是不是我对这群3岁左右的小娃娃太严格了，让他们都不喜欢我了。

中午吃饭，佳佳没有全部吃完，她其实吃得已经够多了。我因为在一开头就鼓励过她今天一定要吃完，为了做个有原则的老师，我没有选择灵活地"慢慢"去接受她的进步。佳佳端着碗走过来时就眼圈红红的，没一会儿就落下了大颗大颗的眼泪，当时我心里特别想拥抱她，告诉她没关系，吃多少、吃不完都没关系，可我还是在原地没有动。

这些时候，我的原则和固执有什么区别？后来我也一直在想办法找回孩子们对我的认可和喜欢……

我为什么不多给孩子们一些吃饭的调整时间呢？现在才一个多月而已，他们做得已经够优秀了，从一开始就想好了要让孩子们慢慢来，可为什么总是走着走着就开始催促他们了呢？不要催促孩子们，人生就是慢慢走到尽头的事儿，慢点儿走，多体会些乐趣才行。

"老师，我肚子里的小精灵饱了。"

"老师，我的小精灵说它不喜欢吃今天的菜。"

"老师，我摸了下我的肚子，它今天不饿。"

……

这些可爱的话语，都是孩子的成长，都是他们真实的自己，我为什么会看不到呢？

长高、长肉、快点长大……快慢是如何划分呢？谁知道？希望自己不要着急，不要在现实面前打乱脚步，淡定从容才能影响到孩子，这也是言传身教的力量。

老师，你慢慢来……

做一片绿叶，一丝春风，一缕阳光，
把温暖和爱带给最可爱的孩子们。

# 牵着蜗牛去散步

尚蓉娇

  下午两点半——"宝贝们，起床啦！""Yeah！起床啦！老师，辉辉还在睡觉！""好的，我知道了，等一下我叫他。"孩子们陆陆续续起床了，自己叠被子、穿鞋子、喝水……老师一边协助一边观察。这时是2：40，"老师，辉辉还在睡觉呢！""好的，你帮老师叫辉辉起床吧。""老师，我叫了，他还是不起！"好吧，我叫他："辉辉，起床啦。""嗯。"3分钟后……"辉辉，你怎么还在睡，起床啦！给你5分钟。快点起床！""嗯。"

  5分钟后，辉辉依然坐在床上，我生气了："辉辉，全班小朋友都起床了，你在干什么？3点我们就要开展小组活动了，现在已经2：50，你还在床上坐着，快点起来！我不会再叫你了。"辉辉从睡眼朦胧、呆滞的表情变成了不开心，甚至有些生气，然后就看到辉辉默默地起床叠被子、拖拖拉拉地穿鞋、摇摇晃晃地走到自己的位置上，没有去厕所，没有喝水……

  又一天，依然是辉辉，这一次我换了一种方式，孩子们照旧陆陆续续地起床了，我坐在辉辉的床边，轻轻地叫："辉辉，起床啦！太阳晒到小屁股了！"辉辉轻轻地笑着望着我，我继续说："辉辉，变小猪啦！是不是辉小猪啊！"辉辉笑着说："嘻嘻，我是小猪。""哈哈，辉辉小猪快起床啦！我们要去上课了，快一点，我在那边（喝水的地方）等你。"辉辉笑眯眯地点头，然后起床、叠被子、上厕所、喝水，中间需要老师时不时提醒几次，2：50辉辉已经坐好了。

  就这样，每一天老师都绞尽脑汁换着法子叫辉辉起床，而起床慢悠悠的辉辉还经常忘记喝水……，老师筋疲力尽，辉辉也有着诸多委屈与不满。

  这一次，我又换了一种方法——明确时间选择，并定时。起床时间，我依然高高兴兴地坐在辉辉床边，逗他一下："辉宝贝，起床啦！""嗯。""你来选择，你需要1分钟还是2分钟起床呢？然后我帮你计时。"辉辉转动小眼睛想了一会儿说："1分钟！""好！1分钟，那我就用数数的方式帮你计时，我一共会数60下，准备好了吗？"辉辉躺在床上拉着被子说："准备好啦！""预备，开始！"之后，我可以不再关注他，但始终让他知道我在帮他数数（计时），只见辉辉迅速起床，用超快的速度叠好被子，上完厕所，我一转头，辉辉已经坐在自己的座位上，我惊讶地说："辉辉，你已经坐好啦！这么快！太棒了！"辉辉得意地哈哈一笑，小朋友们也你一嘴我一嘴地说："今天辉辉好快啊！"辉辉有点不好意思，羞羞地笑了。

之后，我经常用这样的方式，并且有时会缩短时间，每一次都让辉辉自己选择时间，而辉辉每一次都会在自己选择的时间范围内完成，当然喝水这方面还需要老师督促一下。对于我来说，这有什么关系呢？辉辉在起床方面已经有了很大进步，其他方面，我们慢慢来，陪着孩子慢慢长大。

这个关于时间界限、时间选择的方式是在经过杨艳琴老师的培训后习得的。培训后的一天，我望着赖在床上的辉辉心中有一丝生气，正准备喊他时突然想到杨老师的这个方式，于是我立刻调整呼吸，然后走到他的床边……很明显，这个方式非常有效。接下来的工作中，在和孩子们的相处中，我又陆续用了很多规则与界限的方式，效果都很棒，这让我非常有成就感，同时也非常羞愧，明明懂得让孩子慢慢来，但实际做的时候却总是自以为是地要求孩子……

牵着蜗牛去散步，上帝让我牵着蜗牛去散步，我很荣幸我是那个被选中的人，因为我拥有这么多"小蜗牛"陪伴着我。

# 小大人的“婚礼”记

郑月明

"老师，您知道吗？我周末去参加朱老师的婚礼了，她好美哦……"KD5班的"婚礼"也就这样开始了！

活动时间，瑶瑶计划去阳台给同伴们策划一场小大人"婚礼"。她说："我要当主持人，我知道怎么举行婚礼……"

事件一：需要找到一名男生当新郎，一名女生当新娘。

事件二：需要找一些小朋友帮忙布置婚礼场地。

事件三：需要找一些小朋友到小厨房准备美味的饭菜。

事件四：需要有设计戒指和项链的小朋友。

事件五：还需要老师帮忙播音乐和拍视频！

事件一的观察与记录：

瑶瑶问："谁想当新娘和新郎？"想想说："我要当新郎，雨墨当新娘，我们一起结婚吧！"

事件二的观察与记录：

瑶瑶问："谁想负责布置婚礼场地？"依依马上从柜子里拿出一张长长的织布放在地上，说："新郎新娘可以从布上走过来。"

事件三的观察与记录：

瑶瑶问："谁想准备美味的饭菜呀？"伊晨说："我和烯烯已经煮好几个菜了，再煮几个我们的桌子都摆满啦，还需要邀请一些客人来吃呢！"

事件四的观察与记录：

瑶瑶问："谁来设计戒指和项链？""哈哈哈……这个实在太简单啦，交给我，我马上去美工区用造型铁丝就可以把它做出来！"芷灵说。

事件五的观察与记录：

瑶瑶问："老师，您知道婚礼要用什么音乐吗？我听到的音乐好感动的……""当然知道啦，搜一搜吧！"一旁的子谦对××音乐的操作太熟悉了。老师也按照子谦的说法帮起忙来。

孩子们实在太兴奋了，纷纷喊道："婚礼马上开始，客人快点坐下来吃饭、看表演。"音乐随着响起……

瑶瑶正式站在了新郎和新娘的身旁说："婚礼现在开始，请新郎和新娘牵手幸福地结婚，然后从布上走过去。（新郎和新娘继续听从主持人的讲话）请新郎为新娘带上漂亮的戒指和项链……最后新郎把新娘的头纱取下来就结婚成功啦！"

依依看着有趣的"婚礼"结束后，开心地拍手，并呼喊着："大家鼓掌，鼓掌！"

一场小大人的"婚礼"完美落幕，瑶瑶感动了，她感动的是小朋友第一次这么认真配合她的所有计划，而且大家都玩得很开心！老师也被感动了，没想到这场小大人的"婚礼"如此精彩，为他们欢呼、点赞！

关爱童心，感受真，欣赏童趣。

第三辑

# 寓教于乐说收获

03

# 欢迎你，欢迎我

## ——关于欢迎时间的总结和思考

袁文鑫

在容闳工作五年来，我进步很大。坦白讲，尤其是近三年，我在岗位上得到了历练。对于幼稚园、幼稚园的课程和孩子，我觉得既熟悉又陌生。熟悉是因为时时刻刻在一起，所做所想都围绕着他们；陌生是因为随着我对他们了解的加深，我觉得学前教育就是一个深不可测的充满魔力的海洋，真正的"做教育"的路、实现教育理想的路没有尽头。加上工作的劳累和一份追求尽善尽美的心的驱使，有时我会觉得有一些疲倦。我觉得分身乏术，需要处理的事情太多，有些想做的事情却无法施展，这份陌生感也越来越浓。可是，这些情况，自从加入High/Scope课题小组以来，有了一些不小的改善。我发现了一些在探究和使用High/Scope课程的道路上和我一样"上下求索"的有志之美女，她们和我一样，在处理班级和幼稚园的大小活动时长袖善舞，在面对家长时旁征博引，对答如流，同时，却也曾迷惑，也曾求知若渴。于是，我们课题组在讨论时格外热闹，大家畅所欲言，收获也是很大的。

本期，我们关注和讨论的话题是"欢迎时间"。欢迎时间——欢迎你，欢迎我。我一直觉得，欢迎时间，老师和孩子们在一天的开始，讨论今天的信息和将要发生的事情，不论是老师和孩子都能从中受益，孩子们有了把控感，老师也清晰了孩子们的情况和今天的活动。所以，我们班从托班以来就一直在分享消息板，从最初的简单罗列时间、天气、人数，到使用各种方式分享孩子们的新鲜事情。孩子们已经有了分享消息板的习惯，每天早餐后就坐定，和老师一起熟悉并了解当天发生的事情。于是，他们渐渐形成了对当下情况的熟悉感、控制感，有的孩子甚至还把消息板的形式带回家，在家里跟爸爸妈妈、爷爷奶奶分享消息板。今天我拿出来与大家一起分享。

以下是我贡献的有关欢迎时间的小点子。

（1）在分享消息板时，加入数学概念，随着孩子的成长，使用与之相应的方法，加入数学概念。例如，在托班时，我们把配有孩子照片和中英文名字的名字卡片展示出来，谁来了就展示在消息板上，一一对应地数数；小班时可以用磁铁或其他符号，如五角星、数字点点等标记，一个磁铁代表一个小朋友；中班时，由于人数增多，一开始，我会自己一一点班上的孩子人数，数到24、25，渐渐地，我会请孩子们数数或报数，大部分孩子都能数到20以上。同时，我会将没来的孩子的名字写出来，在其名字下面标上数字，让孩子们了解来的孩子加上没来的孩子，那就是我们班级的人数总数。也可以在游戏当中加入数学练习，如玩大风吹游戏，分别吹男孩子和女孩子，男孩子的人数和女孩子的人数加起来就是25个。

（2）在孩子们分享消息时，可以将他们的消息盖住，或者放在盒子里，保持神秘感，吸引其他同伴；也可以请孩子们将他的消息画出来，或者用动作表示出来。

（3）为了让孩子们有愉悦的情绪，给班级带来正能量，可以在欢迎时间引入"开心"元素，如请孩子们分享今天入园后开心的事情。

同时，我也收集了很多其他老师的好点子，例如：

（1）使用歌本，在欢迎时间唱歌。

（2）唱欢迎歌来欢迎孩子，例如"早安"、妙事多音乐里的欢迎歌等。

（3）用固定的歌曲吸引孩子，提醒他们欢迎时间到。

（4）把孩子们比拟成水果、交通工具、动物等，加到欢迎歌曲里去，然后欢迎孩子。

这些方式是比较适合托班的方式。

除此之外，对于欢迎时间，我还有自己的感受和疑惑：

（1）欢迎时间天天有，如何让孩子保持对它的兴趣，是我一直思考的问题。在我们的讨论中，提到不能将欢迎时间变成纪律整顿会，给孩子们带来压力。同时，我们可以以多种形式给孩子们带来一些新鲜感，例如，我们可以把事项提前列出来，让孩子们来揭开；可以请孩子来写，加入书写的概念；也可以用抽奖的方式，将消息抽出来；还可以征询孩子们的意见等。其方法有很多，重在思考和总结。这也是我今天重温讨论内容并把它付诸笔端的原因之一。

这些思考和总结加上教师的教育智慧，灵活运用，相信孩子们收益会很多。

（2）作为欢迎时间，我们记录和总结的太多。我认为，欢迎时间是一个"欢迎""接纳""分享""控制"的过程，同时，它隐含了很多的隐性知识和经验的传递。在教师和孩子相互启发、相互了解的过程中，教师应当有迹可循，这个"迹"应当是儿童的发展规律、孩子当下的兴趣。具体来说，教师应当了解这个阶段孩子的年龄特征，对孩子们各个领域的发展特点和下一步支持策略了如指掌，并提供相应的方法。孩子们的兴趣和当下班级出现的情况也是应该考虑的，例如孩子们喜欢悠悠球，老师可以将这个元素增添其中。男孩子们最近特别喜欢在玩具区进行陀螺比赛，这些需要加入欢迎时间来吗？

（3）使用歌曲等形式很不错。孩子们能够在歌曲中听到自己的名字，老师和同伴们都关注到了自己，他们有了存在感，加深了自我意识。这一形式对于小班很好，那么，这一形式如何在中班实行呢？

（4）在分享消息板时，有消息分享的经常是小部分孩子。怎么关注到那些不怎么愿意发言的小朋友？也像值日生那样轮流吗？或者还有其他更好的方法可以兼顾。

这些都是我的感受和思考的问题，希望在以后的和孩子们的相处中找到一些更好的方法。

# 小倪爱上学

欧阳淑仪

人们常说每个孩子都是一本有趣的书，要想读懂这本书并不容易。只有爱他们的人才能读懂。每个孩子来自不同的家庭，有着不同的生活经验和生活环境，他们性格特点不同，发展水平不同，存在明显个体差异。作为教师，应善于发现幼儿的差异，捕捉幼儿的闪光点，利用不同的教育方法尊重和理解幼儿。

我们KB5班有一个叫小倪的小朋友，第一天来班上时，她一直拉着奶奶的手不放，恋恋不舍地说："奶奶，早点接我，早点接我。"在我的劝说下，小倪满眼含泪地松开奶奶的手。小倪的奶奶在临走前，悄悄地对我说："小倪吃饭的速度较慢，害怕老师批评、指责她，所以一直都不爱上幼儿园。"听了这些话，我开始留心观察小倪。在活动区游戏时，小倪静静地坐在椅子上，于是我走过去，轻轻问她："小倪，你喜欢玩什么？"她说："我喜欢看书。""老师和你一起看好吗？"小倪高兴地点点头，于是我和她一起看起书来，开始是我讲，讲着讲着，小倪也不由自主地讲起来，我高兴地说："小倪，你好棒呀！能自己看书讲故事，你愿意把故事讲给小朋友听吗？""愿意！"于是我叫了很多小朋友来听小倪讲故事，小倪很高兴，讲得也更起劲了。午餐时，为了减轻小倪进餐的紧张心情，赵老师给她少盛了一些饭菜，可是当一部分小朋友吃完饭，离开座位后，小倪哭了起来，我忙走过去问小倪："你怎么啦？""我不想吃了。""小倪，别着急，你瞧，就剩下这么一点点了，来，我帮你。"在我们的耐心帮助下，小倪终于把饭吃完了，尽管她是最后一个吃完饭的，但是我们没有批评她，反而给她以鼓励和信心，帮助她逐步克服紧张、自卑的心理，逐渐培养她进餐的好习惯。

第二天，小倪和奶奶一早就来到幼儿园，奶奶手里还拿着几本书，她对我说："老师，太谢谢你们了，小倪以前不愿上幼儿园，可今天一早说，奶奶，我要上幼儿园，快，咱们别迟到了，我要讲故事给小朋友们听呢！老师还夸我故事讲得好呢。"望着小倪奶奶高兴的样子，我也会心地笑了。这一切对于一位幼儿教师来说，虽是一件很平常的小事，但对于家长和孩子来说却是多么重要。

通过这件事，我深深体会到，孩子们都有一颗敏感而细腻的心灵，教师善于发现孩子闪光点，尊重幼儿的兴趣，帮助幼儿成功地表现自己，就会使幼儿获得心理上的满足与快乐，从而促使幼儿健康发展。

# 拥抱的力量

陈颖珊

之前听了关于拥抱的力量讲座，一直心里都在怀疑这个办法是不是有效，在专家离开以后，我便在班上开始用拥抱的方法来解决孩子情绪上的问题。

有一天，胡老师在做欢迎时间的时候，骏喆一直和小朋友在说话，并且还会离开自己的小椅子去到民玮那里和他打闹。刚开始胡老师已经善意提醒过骏喆："请你在欢迎时间的时候坐在自己的小椅子上，并且把你的小嘴巴拉上拉链。如果有问题，请你举手告诉老师。如果你再有一次说话或者离开小椅子，那么按照我们KB5班之前制订公约，就要请你到安静墙去休息。"骏喆听完之后没有说话就坐回椅子了，可是没过一会儿，他又开始和小朋友说话打闹、离开椅子，这时候，胡老师就把他的小椅子搬到一边，请他去到安静墙休息。可是骏喆并不同意，就大声地尖叫，在地上打滚，并一直大叫着："我不，我偏不，我就不要去安静墙。"

因为胡老师还要主持欢迎时间，于是我就把骏喆带到安静墙里休息，但是在这个过程中，骏喆不停地哭叫，严重地影响到其他孩子的欢迎时间，后来我就把骏喆带到睡室里，并且用拥抱的方法来看看能不能解决骏喆的情绪问题。刚开始骏喆还是会哭闹，于是我就紧紧地抱着他，骏喆并没有挣扎，慢慢地，哭闹声就减弱了。等到他稳定下来的时候，我继续在紧紧拥抱着他的时候并询问了刚刚发生的事情。

我问："骏喆，刚刚胡老师已经说了请你为嘴巴拉上拉链，坐在小椅子上进行欢迎时间，你为什么还要离开椅子找民玮说话？"骏喆说："因为我想去找他玩儿。"我表示理解他的行为，就说："你是想要找民玮玩儿，所以离开了椅子对吧？但是在欢迎时间的时候，小朋友都在干什么，你看到了吗？"

骏喆说："其他小朋友在进行欢迎。"我继续说："是的，欢迎时间大家都在进行欢迎，那么能不能在欢迎时间找民玮玩呢？陈老师觉得，你可以在活动时间或者户外时间找民玮玩，但是欢迎时间我们是不是要和大家一起听胡老师说呢？"骏喆听完之后点点头说："那我待会儿活动时间要去找民玮玩儿。"我又继续说："那么刚刚胡老师请你去安静墙休息的时候，你为什么哭、大叫呢？"骏喆回答说："因为我不想去安静墙，我讨厌安静墙。"我点点头说："是的，陈老师也特别讨厌安静墙，因为不乖的孩子才会去安静墙的。但是之前我们一起制订了班级公约，如果在欢迎时间说话或者离开了小椅子的小朋友，是不是要去安静墙休息？"骏喆这时候不说话，眼睛就在到处看。我又继续说："刚刚是因为你离开椅子去找民玮说话了，所以胡老师才会请你去安静墙的。而且，胡老师是不是已经原谅了你一次，你后面再找民玮玩，胡老师才搬走你的椅子，请你去安静墙的对吗？"骏喆这时候说："那胡老师可以再原谅我两三次啊。"这时候我听见骏喆这个回答，我脑子也一时懵了，这个到底能原谅几次的问题，我该怎么说呢？后面我就说："可是刚刚胡老师已经原谅你一次了，现在你影响到小朋友进行欢迎了，所以才会请你到安静墙，而且我们班制订的公约，是大家都要遵守的。不仅仅你犯错了要去安静墙，如果陈老师犯错了，陈老师也要去安静墙的，每个小朋友都一样，不能说你讨厌安静墙，你就不去的。"骏喆听完之后就说："那我下次再也不敢了。"我问他："那么我们欢迎时间应该要怎么做呢？"骏喆说："坐小椅子，让嘴巴拉上拉链。"我说："是的，欢迎时间要和大家一起进行欢迎，坐小椅子，让嘴巴拉上拉链。可是你刚刚在大哭大叫的时候惹胡老师生气了，你现在是不是要过去跟胡老师道歉呢？"骏喆看了看胡老师，问我说："那么胡老师会原谅我吗？"我告诉他："那你要问问胡老师了，她要不要原谅你。下次如果你不想去安静墙了，请你告诉陈老师或者胡老师，但是不能再这样尖叫或者哭了，因为你哭我们也不知道你想要干什么，但是你好好说话，我们都能听见的。"骏喆听完之后就走到胡老师身边去道歉了，这件事就到这里结束了。拥抱确实是可以让孩子的情绪慢慢地安定下来，但是要让孩子去改变一些不好的习惯还是要老师有一些策略和方法。

　　这件事之后，每次欢迎时间如果有小朋友没有遵守公约，骏喆都会说："你要去安静墙休息。"或者有小朋友尖叫大哭的时候，骏喆也会说："哭

第三辑 寓教于乐 说收获

是没有用的，你要告诉老师你的想法。"不过骏喆就是属于那种嘴巴上说得好好的，可他犯错之后还是会哭闹着不要去安静墙的孩子。但是基本上来说，骏喆比以前有进步的是能意识到我们班级上制订的公约，而且还会提醒其他小朋友，也知道解决问题的方法是要告诉老师自己的想法，而不是哭闹。虽然骏喆心里清楚该怎么做，只是要改变一个习惯需要时间去沉淀，我们期待着骏喆能成为说到做到的孩子。

用眼去看孩子的世界，
用心去听孩子的世界。

# "调皮孩子"也有可爱之处

陈婉仪

在幼儿园的一日活动中，不管是大小组活动或户外活动，遵守纪律和守规则的幼儿，都会受到老师的表扬和疼爱，反之，那些"捣蛋王"听到的只能是教育和训斥，其实有时细想起来，"好动"的孩子也有很多可爱之处。

辰辰是我们班特别活泼可爱的孩子——大大的眼睛，帅气的小脸蛋，看着都招人喜欢，而他就是我们班最头疼的"捣蛋王"，小手就没有闲的时候，特别是在游戏的时候，总是与小朋友发生矛盾，告状的屡见不鲜。在我观察中，辰辰其实特别喜欢与小朋友交往，愿意和小朋友一起游戏，也特别喜欢见义勇为，每次在玩区域活动时，他都表现积极，愿意参与游戏，也希望老师会关注他、喜欢他。从我关注他后，我发现辰辰与小朋友交往的方法不对，所以经常事与愿违，所以告状的也就见怪不怪了，如：在活动时，在区域里随意拿或抢玩具，"老师，你看辰辰跑我们这里抢东西。""老师他弄坏我们的玩具。""老师辰辰打人了……"除了这些，每天的午睡也是很让我感到头疼，当小班长说："午睡时间到啦！"的时候，辰辰突然开始嘻嘻哈哈、说说笑笑，有时候还赖在活动区不肯离去，仍在玩耍或讲话，或者拿着小玩意儿，或者磨磨蹭蹭的才上床。别的小朋友经常受到他的影响，变得非常躁动。

每当发生以上的种种事情，我都会想起正面管教里面的一段话，以往教师在针对犯错误的学生时，往往采取严厉的训斥，孩子表面上服从了，但实际上不服气，长此以往就会形成不良的师生关系。而惩罚虽然能暂时制止不良行为，但不能永久性地解决问题，只有通过鼓励，帮助孩子体验到归属感和价值感，才能获得长期的积极效果。有时候，当我们感觉到孩子太烦、太吵、太闹的时候，不妨反思一下自己是否理解、满足了孩子。设身处地为孩子着想一下，多给孩子一些时间和空间，站在孩子的角度多思索、多考虑。作为教师，我们更应该对孩子有耐心。所以在辰辰发生问题时，我都会都有意识地悄声提醒他，教他正确的交往方式，鼓励他与小朋友们搞好团结，学会分享玩具，解决不了的事情，要和小朋友们商量，不能硬抢，大家一起玩才快乐。在AH—HA探究时，让他有表现的机会，因为他聪明好动，上课喜欢回答，我就多给予其表扬；午睡时，和辰辰一起商量设定了"睡前五分钟"。经过一个学期的提醒和引导，辰辰有了小小的变化，慢慢地，他变得和群了，会说："我们一起玩好吗？"虽然偶尔还是会抢其他小朋友的玩具，但这是一个好的开始。

其实孩子的心灵都是纯洁的，调皮的孩子也不例外，只要我们做老师的多给他们一些关爱，多一些耐心，也许一个眼神或一个提示，他们也能感受到温暖和爱。

不积小流无以成江海，
不积跬步无以至千里。

# 跟在身后的"小尾巴"

周 妍

"宝贝，老师知道你现在很伤心，但是妈妈下午就来接你。"回答我的是一声声"妈妈，……，妈妈"。左手抱一个、右手搂一个的情景，在小班一开学十分常见，耳边是宝贝们伤心的哭泣声，但是我们必须尽全力安慰宝贝们，让他们可以参与到班级日常活动中来。一声声的安慰和开解有时可能效果甚微，有时却会使一个宝贝精神满满，有时还会收获一个"小尾巴"。

与佳怡的初遇已经不太记得了，回过神来的时候，佳怡就已经在身边了。

一开始，佳怡的依赖物是一本书，名字叫作《奶奶的护身符》。当我看到书名的时候觉得有点神奇，那么多本书中她就选中了这本，佳怡应该有感觉到"护身符"的力量吧。

但是，在第二天早上，我从佳怡妈妈手中接过佳怡的时候，"护身符"变成了接送卡。可是接送卡一直握在手中，既不方便佳怡的日常活动，同时对佳怡和其他小朋友有一定安全隐患。于是，我和佳怡说："现在接送卡想和你玩个捉迷藏，它想到你的小床上去，躲在枕头下。"佳怡突然拉着我的手，用低低的声音说："好呀，那我们一定要藏好。"她一路轻轻跑着到床边，藏好了接送卡。这一天，到了离园时间佳怡才想起接送卡。

佳怡的"护身符"又变成了一个红色的飞机。佳怡紧紧地握着，一刻都不想分开。我说我先帮你保管着，放在床边，你看就在这里。到了午睡时间，佳怡拿着飞机飞呀飞呀，还发出声音，引起了所有小朋友的注意。我对佳怡说："纸飞机现在要降落，让飞机降落下来，在地面陪你，好吗？"佳怡飞了一会儿纸飞机后，将其放在了枕头旁边，看着我笑了一下就睡觉了。

周一，佳怡带来一只考拉玩偶做"护身符"。可是佳怡对考拉玩偶的热情不是很高，经常不知道考拉玩偶去哪里了。在活动时间，我和佳怡做举高高的游戏，佳怡迷上了恐龙玩偶。

之后，佳怡终于没有再带"护身符"。每天早上进班时，佳怡妈妈说："你看，周老师来了。"她立即扑过来抱着我，进班开始准备活动。佳怡现在已经可以离开任何"护身符"和我了，去做活动，去吃饭，去睡觉。只有在散步的时候，她会围着我跑圈，说："老师，我喜欢和你做游戏。"

看着佳怡每天的变化，我知道班上的每一位老师都是佳怡的"护身符"，教会她规则和自由，陪伴她，爱她。

# 听！

段宁燕

　　到了舞蹈课时间，小朋友们的精力非常旺盛，所以在舞蹈课上小朋友们显得很急躁。刚开始上课，小朋友们有的说话、有的玩耍，完全没有注意到我在讲话。我正想呵斥，提醒小朋友们安静下来，突然又想到这样的办法是不可以的，于是灵机一动，放一段大自然的轻音乐，对着小朋友们说："来来来，小朋友们，大家听听，有什么声音？小朋友仔细听哦，听到什么声音，过一会儿，老师请你们给大家分享你听到的声音。"顿时，全场一片安静，大家都在仔细地聆听音乐，认真聆听大自然的声音，听完这首轻音乐，我请小朋友们来分享他们听到的声音：海浪的声音、小鸟的声音、风的声音……有的小朋友还会描述他在这个场景里做的事情，非常的有趣。

　　借着这个环节，我告诉小朋友们，如果我把音乐声放得很大，小朋友们是不是会感觉到非常的吵，小朋友们都一致地点头。我又告诉小朋友们，在我们的生活中，如果声音太大，声音就会变成噪音，耳朵就没有办法安静，长时间会影响我们的健康。

　　在接下来的课堂上，我变换方法，比如，放一些动物园的音乐，让小朋友猜猜是什么动物"出场"了，再让小朋友们模仿这些动物，并进行模仿练习。

　　还有一种方法是说"悄悄话"，老师在游戏期间，会降低自己的声音来讲话，小朋友需要特别安静和观察老师的口型说什么，然后做出自己所理解的反映动作等游戏。

　　这些方法有助于孩子们养成安静的习惯，也是引导小朋友们的一种方式，并且小朋友们对这些游戏非常感兴趣。作为幼儿舞蹈老师，不仅仅只教他们指定的动作，而是运用有趣的方法去引导幼儿，让他们在快乐中成长。

# 用"心"看孩子

李紫琪

在幼儿园中，有的老师总喜欢安稳一点的孩子，因为这样的孩子积极主动，让老师省心，也总能得到不少老师的喜爱。而对于那些过于"活泼、爱动"的幼儿，则往往因其"调皮、惹事"，则可能得到"另眼相待"的"特殊待遇"。

但我觉得，对待那些过于"活泼、好动"的幼儿，需要老师用有别于一般幼儿的教育和教导方法，找准切入点，了解幼儿行为背后的原因，知其然知其所以然，充分发掘孩子的优点。在我的班上，也有一位"熊孩子"，他不仅活泼爱动，而且常常给老师制造一些小的"恶作剧"。比如，在大家一起游戏时，他往往趁老师不注意就会掉头跑开，顿时不见踪影；教育活动中，有时他会把你正在展示图片的电视关掉，把音乐按停。可能由于他的突出表现吸引了大家的注意，在幼儿园里已经小有名气，大部分老师都认识他。他的妈妈曾这样给我说过："虽然孩子有点小聪明，但确实让人很头痛，总能让大家为之瞩目。"我也曾开玩笑地对家长说："小小年龄已经具备当明星的潜质了。"

如何教育这样一个不到四岁的"小明星"呢？我的切入点是：肯定其身上的优点，扬长避短。根据一段时间的观察，我发现他的观察能力及反应能力都很强。有时老师回教室时，会轻轻敲门或向里面的孩子招招手，示意小朋友过来开门，孩子大多会赶紧过来开门，但遇上锁住了，就无计可施。可"小明星"却说："老师都是扭这里的。"他在尝试扭动门锁，把门打开，这时我便过去拥抱他，并给他大大的微笑，告诉他："你刚用了一个新的办法开门，门一下子就打开了。"虽然他没说什么，但脸上洋溢着快乐的笑容。

喜欢交朋友的他，每天都能和不同的孩子互动。一天早上，开饭时他迟迟不吃，他说要等他的好朋友来了一起吃！还有一次，班上的轩轩小朋友因病几天未来园，他显得有点闷闷不乐，但很快就和颢颢一起玩了。当轩轩小朋友来园时，他特别高兴，主动走上前去迎接，并拉着他的手笑着说："我好想你。"当时我看出他确实是真的想念轩轩小朋友了，这也是他关心小伙伴的一种真言真行。一次次的观察，一次次的发现，让我对他有了新的了解，一次次的肯定让他更加自信，使其获得了积极的情感体验，从而使他产生了更多的积极行为，并为其带来了更多的成功体验。不到一个月的时间，他的进步可不小，他再也不一个人跑出去不见踪影了；现在他再也不是以前妈妈眼里的那个"麻烦鬼"了。

你用了"心"，孩子便能感受得到，因为他们是用"心"生活的。不要希望孩子好，只要你对他好就行。但如果很多的期望和希望变成了对孩子的要求，孩子就更加无法自律了。

所以，对待孩子，我们不能只是欣赏，而要做到"心"赏。

# 良好的师幼互动，兴趣是关键

买俊芬

著名科学家爱因斯坦曾说过："兴趣和爱好是最好的老师。"的确，当一个人兴趣盎然的时候，会产生良好的情绪，会产生无限的求知欲，这是一种无形的动力，它引领着人们不断探索、前进。

孩子们天性爱玩，通过和孩子们讨论自己最感兴趣的课题，用投票的方式，最终我们班新学期开展的第一个课题是"火车"。在假期中，孩子们已经拥有了很多坐火车出游的经历。在讲述自己的旅行中，孩子们天马行空、滔滔不绝。可见，他们已经获得了一些关键经验。在激烈的讨论后，孩子们都对火车站的工作人员的职业感兴趣。大组时间，我们班利用废旧的易拉罐制作了一个火车站的安检门。在活动时间，小朋友们开始进行安检员的游戏。游戏中，安检员说："老师，过安检时，他们的书包要不要检查啊？"于是，我们一起开始认识安检机传送带，我使用了图片、PPT的形式让幼儿观察安检机传送带，了解安检机传送带的作用。然后我们又开始分组研究、讨论用什么东西来制作安检机传送带。如如说："用盒子。"苏苏说："用报纸。"壮壮说："用大的垃圾袋。"雨琪小朋友发现鞋盒可以做安检机传送带，但鞋盒太小了，是不能放包包的。经过两组激烈的讨论，我们决定去寻找大的纸箱和大的垃圾袋。材料准备好后，孩子们开始分组工作了，一组小朋友负责将垃圾袋平铺并粘贴在箱子里面，另一组小朋友就用剪刀将垃圾袋剪成一条一条的形状。最后，老师用即时贴将箱子外围粘贴好。安检机传送带做好了，小朋友和老师一起回顾刚刚的制作过程，然后请小朋友们说说自己都想到什么办法来完成工作，都用了哪些材料等。

孩子们开始利用安检机传送带帮助自己游戏，小乘客背着书包来到火车站，安检员就请他将书包放下来进行安检。突然，梓涵提出："在进行安检的时候，安检员也要检查人的身上的。"于是，我们一起上网找图片，发现安检员的手中是拿着一个安检器检查乘客的。所以，我们还需要做安检器。小朋友们在教室里找可以当安检器的东西。最后，我们发现可以用饮料瓶做安检器，小朋友们找来了小垃圾袋，将饮料瓶包裹起来，然后用胶带纸粘贴。我们又一次成功了！我们开心极了！

就是在这样的师幼互动游戏活动中，小朋友们自主发现问题，然后对问题产生了浓厚的兴趣，想要一个接一个地想办法解决。于是，孩子们在动手过程中探索各种操作材料使用带给自己的乐趣。当孩子们将问题通过自己的努力——解决的时刻，也是孩子们最有成就感的时刻。所以，我认为：兴趣能创造和谐融洽的师生关系和轻松愉快的学习环境。让孩子们在兴趣中自主学习探索，才是真正有意义的课程，良好的师幼互动，兴趣是关键。

尊重，让幼儿的心灵走向自由；
激励，让生命用心互动；
开放，让人人收获精彩！

# AH-HA课程的发现

邢 娟

AH-HA课程中提倡培养孩子的主动性，教师只起引导的作用。教师帮助孩子思考各种不同的可能性，向孩子提出值得考虑的建议，但不一定要求孩子采用。所以在很多时候，老师就开始有疑问了，我应该是在旁边观察孩子的情况呢，还是应该去帮助孩子呢？过早的给予意见会让孩子缺少自己解决问题的能力，过晚参与会让孩子有失败感。于是这种教学的灵活性反而有时让老师不知所措，对于老师的专业性会有极大的挑战。

在"火车主题"的方案中，幼儿认识了许多种类的火车，研究制作了和火车站有关的各种设施设备。在传统的教学中，老师会告诉小朋友先做什么，后做什么，这部分怎么做，那部分怎么完成。但是在AH-HA课程中，是让孩子不断去探索，在发现问题、解决问题的过程中学习。这种过程中会出现各种不同的现象。

（1）在画出自己喜欢的火车时，皓源拿到笔就对老师说："老师，我不会画，你帮我画吧！"还没开始尝试就寻求别人的帮助。老师引导他先选择自己喜欢的火车，然后观察形状，用语言提示皓源来进行绘画。第二次绘画时，皓源完善了自己的火车，画了颜色，还告诉老师火车有车厢，并画了三节车厢。

（2）在讨论有关火车的设施设备的时候，勇志说："老师，我不知道怎么画。"而且还有些不耐烦。于是老师想了很多办法：视频、有关火车的特色区域活动及有关火车的游戏，增强孩子的兴趣，几个活动后，勇志愿意主动去探讨有关火车的设施设备了。

（3）在后期讨论火车站的设施设备时，小朋友制作了候车厅的椅子，子裕把自己选择的材料放在一起制作，可有的地方需要连接，他想了一会儿，似乎明白了。然后小心翼翼地开始剪第一刀双面胶、第二刀双面胶，然后将其拼接在一起，子裕说："我成功了，老师，你看！"他兴奋地跳起来举给我看。

（4）在设计镜子的时候，曾悦觉得自己的镜子不够漂亮，于是赶快另外找了一些材料，如玉米粒、扣子、贴纸等材料进行了装饰。

（5）在进行游戏"自动售卖机"时，朱君皓会提出："老师，这个自动售货机怎么买东西呀，钱怎么给呀，都没有人手。"通过这个过程，孩子体验了发现问题、解决问题的全过程。

（6）欣童在已提供的材料里翻来翻去找做马桶的材料，最后选了质地很硬的纸盒开始制作。

通过以上的案例，我想：AH-HA的学习过程就是幼儿不断地遇到问题、自己解决问题的过程。当幼儿反复两次未成功并且犯了同样的错误时，通过自我纠错、调整，孩子会特别注意自己曾经错过的地方。这既是学习的难点，也是幼儿经验内化的关键环节，是反省的结果。他在这个学习过程中获得了自身整体能力和经验的增长，并体验了探索成功的愉悦。

我们是孩子的伙伴，
在活动中支持孩子，
在游戏中配合孩子，
给孩子相对自由的空间。

# 关于成长，静待花开

闫皓楠

　　这学期是我从大学毕业后真正地走上教学岗位，也是第一次理论走向实践的过程，在平时的教学中我发现，很多我们在大学时学习的理论知识对更好地教育小朋友们是很有用的，有一些理论现在回看便感觉深有体会。

　　在发展心理学理论流派中有一个自然成熟理论，著名的儿童心理学家格赛尔受达尔文进化论思想的影响，认为个体的心理发展是历史演化的结果，是由儿童的生理成熟所规定的，有着阶段性和顺序性。在儿童生理上未达到准备状态时训练几乎不起什么作用，所以他认为推动儿童心理发展的主要动力是自然的成熟，即发展是遗传因素的产物。作为与外环境相关的因素学习只是在个体成熟时发生，并只对成熟起到促进的作用。就像是在我们教育小朋友们时总是在说"为什么一件很简单的事情你就是做不好"，甚至很多时候你都想去帮他做，这个自然成熟理论就很好地解释了这个问题。

　　还有很多的家长在孩子什么都不懂的时候就帮他们安排好了一切，让本该享受无忧无虑童年的儿童上各种补习班、特长班，他们却不知道，这样非但不能促进他们的发展，反而是让他们从小时候就承受太多的压力。就像是有一些家长从孩子刚入园就开始咨询老师"有没有什么特长班"——音乐、舞蹈、钢琴还有英语，很多家长们本来并没有这种意识，但看着周围的朋友、同事个个都给孩子报了各种各样的班便开始着急。

　　在"教育万能论"盛行的社会，人们特别强调教育在儿童发展中的作用和影响，却不知忽略了儿童的实际水平、发展的可能性、儿童的准备状态。这些家长显然是不知道格赛尔的自然成熟理论。由于过于夸大早期教育对儿童的影响而过分地强调开发智力、技能训练等。我想：对于儿童来说就是一种"无形的摧残"。我们在考虑教育时应该考虑儿童的实际水平，过度的开发不会有好的结果或收效甚微。在儿童该玩耍的时候就让他们享受快乐的童年。这些问题非常值得我们去深思。

让我走进童心世界，和孩子们一起成长。

第二辑 寓教于乐说收获

# 陪　伴

毛雅玲

　　本学期我迎来了一个新小班，新生报名的那天，一位爸爸怀抱着熟睡的小男孩（遵遵），怀孕的妈妈一直陪伴在身边。跟班上其他小宝贝相比，他仍像个小弟弟，他给我的第一印象是一个小Baby。三天适应计划期间，他不愿松开爸爸的手，不愿离开爸爸到幼儿集体的座位上。爸爸表现得十分焦虑，课后一直对老师说："让你们费心了！"

　　在三天适应计划期间，我观察到遵遵对橡皮泥和车非常感兴趣。当玩橡皮泥的时候，他十分的专注，可以坐在自己的座位上保持20分钟或更久；当玩车的时候，他可以暂时放开爸爸的手，独自玩耍。在此期间，我有意识地接近遵遵，尝试加入他的游戏，成为他的玩伴。

　　正常教学的第一天，教室里孩子们没了爸爸妈妈的陪伴，都开始焦虑地哭闹起来，当然遵遵也不例外。当遵遵意识到爸爸真的已经去上班了，而哭闹也不会让爸爸回来陪他时，他开始来找我。他牵着我的手，眼里还泛着泪光，当我坐下来的时候，他依偎在我的身上，我知道我成为这个陌生的环境里他相对熟悉的人。我抱抱他说："遵遵，你是想邀请我一起玩橡皮泥吗？"他看了看我转头看向了美工区的橡皮泥。我发现我成功地转移了遵遵的注意力，接着说："我今天想用橡皮泥做汤圆和小汽车，可是我觉得肚子好饿呀！我们一起先去吃早餐吧！"旁边几个跟我互动过的孩子也开始一起来到餐桌前，暂时忘记了找妈妈的问题。吃饭的时候，我陪在他们的身边。

# 我生气了

尚蓉娇

有一天早上，因为各种原因我心情非常差，孩子们吃早餐的时间，我有点控制不住地压低声音跟班里的另一位老师抱怨。突然，我发现孩子们都在看着我，我心中一震，因为孩子们留意到了我的表情，自己突然感觉此时我的表情一定非常难看，而孩子们一定不明白为什么，他们有点担心、有点害怕……我立刻调整呼吸，心想："不可以这样，接下来我应该怎么办？"因为此时孩子们依然迷茫地望着我，如果我依然凶巴巴地说："吃饭！"孩子们肯定不听，而且孩子们会觉得非常委屈，可是我现在又真的很难受，怎么能不影响工作、不迁怒孩子还能让自己的心平静下来呢？干脆跟孩子们直说我心情不好，不开心，而且这也没必要对孩子们隐瞒。于是我调整呼吸说："娇娇老师今天心情不好，非常不开心，很难受，你们谁有什么办法能安慰一下我吗？"意想不到的结果——孩子们立刻笑眯眯地说："老师，我可以抱一下你！""老师，我可以亲一下你！""老师，我也要抱一下你！"当我听到孩子们七嘴八舌的用甜甜的、稚嫩的声音说出这些话的时候，我的心已经融化了，刚才的"火"也已经被浇灭了，于是我温柔地说："谢谢你们，那现在请你们先吃早餐，吃完早餐以后抱抱我，安慰我吧。"孩子们立刻安静地吃早餐，先吃完早餐的小朋友纷纷走到我面前说："我来抱你啦！""老师，我亲一下你吧。"过了一会儿，我刚才的气早已烟消云散了，开始准备欢迎时间，没想到最后吃完的几个小朋友却依然记得要安慰我的事情，走过来说："老师，我还没抱抱你呢！"我心情美美地张开双臂，把这些小天使一个个地搂在怀里。同时，他们也用小小的双手搂着我的脖子，我身体暖暖的，心里更是暖暖的，然后笑得合不拢嘴对孩子们说："谢谢你们！老师现在心情特别棒！"

老师——就是这样的一种工作，孩子们时而是"捣蛋鬼"，时而是小天使，但不管是"捣蛋鬼"还是小天使，他们都是老师最爱的宝贝，谢谢我的孩子们，老师爱你们！

将快乐传递给每一个孩子，
让孩子的世界变得更加美丽精彩。

# 一条虫子后的AH-HA探究

张萍萍

户外活动时间，一个声音把我叫住了："张老师，你快来看看呀！"逸辰一边说着，一边把我拉到了大操场的一角，之前那里已经围了好几个小朋友。"逸辰，发生了什么事情吗？"我马上紧张起来，立即跑了过去，走近一看才松了口气，原来是地上一条褐色的虫子引起了他们极大的兴趣。他们一边观察一边讨论着：

"这是蚕宝宝？"

"不对不对，这是毛毛虫。"

"这是飞虫的前身吧。"

"啊，这条虫子好丑！好可怕啊！"

……

孩子们七嘴八舌，争论不休，他们看见我走过来，都围上来求助。它到底是什么呢？说实在的，我也不知道。但为了不让他们扫兴，我引导他们说说虫子的颜色，虫子有几条腿，虫子是如何行走的……并许诺到教室后一起查阅有关资料。接着，我随手拿了个塑料圈放在上面作为虫子的家，要求孩子们不要去碰虫子，等户外活动结束再把它带回教室。说完我就去别的地方看孩子们游戏了，而那些兴趣浓厚的孩子继续留在那里观察这条奇怪的虫子。可是，过了没多久，希言就跑来告诉我："铭铭要把虫子踩死了！"紧张地拉着我的手要我去看，其他小朋友们也大呼小叫，跟着我飞也似的跑过去。"铭铭，你为什么要把虫子踩死呢？"铭铭嘀咕着说："我要看看这条虫子的内脏，你又不带我们去看！"说真的，我有些后悔，后悔刚才为什么不马上满足孩子们的兴趣需要——带幼儿回班级一起去查阅资料呢，让这么好的教育机会溜走了。我马上和孩子们将虫子搬入教室，开始我们的观察活动，还自发地开展了一次

AH–HA探究活动。

　　有人说过："教育来自孩子的生活。"的确，在生活中，时时刻刻会不断出现各种事情，都会显现教育的灵感。作为一位教师，不但要有生成的意识、生成的能力，在日常生活中还要细心地观察孩子的一言一行、一举一动，及时地抓住生活中的闪光点、突发事件，对孩子的新需要、新兴趣、新发现有接纳的态度。也许只有这样，你的教育才会成功，你教育的孩子才会得到更好的发展。

# 今天我要快点吃

赵 慧

每到吃午饭的时间，总是我们最头疼的时候。很多幼儿都比较挑食，吃饭速度都很慢，以至于影响我们日常生活的正常开展。天气越来越凉，看着孩子吃冷饭我们心里都很着急。每到吃午饭前，我们都会给孩子打"预防针"，让他们快点吃饭，要不吃了冷饭肚子就会疼，可是一段时间下来，效果却并不好。

那么怎样能让孩子快点吃完自己的一份饭菜呢？我觉得我们班的孩子都喜欢当"小老师"，而且模仿能力特强。于是，我就利用孩子想当"小老师"的心理，激发他们只要谁吃饭吃得快就可以来当"小老师"。其实争当"小老师"也可以提高孩子的生活自理能力。我们引导孩子，如果你能当到"小老师"，我们让你做到位置的前面，监督班级其他小朋友吃饭。今天吃饭时间又到了，我发现孩子们的表情和平常不一样，有的幼儿还和同伴在说悄悄话："今天我要快点儿吃饭，我要当'小老师'，我还要监督你们吃饭呢。"另一个小朋友也不甘示弱："我吃得一定要比你快，看谁来监督谁。"看着他们那个样子，我暗暗高兴。当老师刚把热腾腾的饭菜分发到孩子手中时，很多孩子就狼吞虎咽地吃起来了。15分钟左右，我一看大部分幼儿都已经吃完自己的一份饭菜了。有的幼儿还会走到我面前说："老师，今天我来当'小老师'吧，我吃完了，没有掉饭粒。"于是，我让两个吃得最快的孩子来当"小老师"，其他孩子还投来羡慕的目光。这时我趁机又和孩子讲明，明天做"小老师"还可以帮助其他小朋友分碗和勺子。"我明天还要吃快点！"有的幼儿还不服气地和今天的"小老师"说。就这样，每天吃饭时，孩子都会以争当"小老师"为目标，很快就会吃完自己的一份饭菜。我们再也不要为孩子吃饭慢而发愁了。

　　从这件事我们可以看出，要选择幼儿喜欢的事情，然后加以适当的引导，孩子们做事情的积极性就会得到提高。作为一位幼儿教师，一定要多观察、多思考、多反思。这样我们才会在这个岗位上收获快乐和成就感。

有爱的教育，
如春天的细雨，润物无声；
如冬日的阳光，暖人心田。

# 敷衍的对不起

李苑瑜

骝骝在户外活动要集合的时候，独自跑到足球门框的地方玩儿，还跳起来吊在铁架上。老师和骝骝说要排队回班准备吃午餐了，骝骝说还没玩够，老师就单独陪着他继续去玩儿，其实是想要他认识到自己的行为是不合适的。回班的时候，老师问他为什么要吊上去，他说想试验一下那个铁架安不安全，我就问骝骝试验结果是什么？他说不安全，因为那个架子会动，这样很容易受伤，我说："是的，老师就是担心你会受伤，足球门是用来踢足球的，而不是用来像单杠那样使用的，万一球门倒了就会砸伤。"骝骝敷衍地说："我知道错了，我不应该去吊着玩。"骝骝意识到自己有错，可是却很敷衍地说"对不起"，他以为认错了老师就不会再责怪他了，却不知道后果的严重性。整个事件当中他也没有主动、勇敢地向老师承认错误，对自己的行为负责。老师及时把这件事情和家长分享，做到家园配合，还把支持策略分享给骝骝的爸爸妈妈。

"知错就改"三部曲——道歉、弥补、改正。

我开始意识到，如果孩子再犯错，不能轻易地让他说"对不起"这三个字蒙混过关，而是要重新审视他犯错后的一切态度和行为反馈，引导他做出真正的"道歉""弥补"及"改正"。

（1）诚恳地表示对不起。

首先要向对方表示歉意，同时说明自己具体错在哪里，以此证明这句"对不起"是经过认真思考的，并不是表面上说说而已。

譬如，"对不起，我撞到了你""对不起，我把水洒到了你身上""对不起，我没有好好吃饭，浪费了很多饭菜"等。

（2）耐心地解释犯错误的原因。

向对方解释一下事情的起因，但并不是为自己犯错找借口，而是从自己的角度去发现自身存在的问题，让对方感受到自己是真心反省，以及主动承担责任的心意。

譬如，"我跑得速度太快了，没有往前看，撞到了你""我玩得太高兴了，没控制住水的方向，洒到你身上""我不喜欢吃这个菜，害怕自己被批评，所以我把饭菜偷偷倒掉了"等。

（3）感同身受地理解他人。

这一步是非常重要的，能让对方感受到自己道歉的诚意。

犯错的孩子要设身处地想一想他人的感受，用心思考自己的行为给别人带来了哪些困扰，向对方阐述自己的想法，让对方知道你能理解他的痛苦。譬如，"我撞到你了，一定很疼""我把水洒在你身上，衣服都湿了，你一定很生气""我把菜偷偷倒掉不吃，厨房叔叔阿姨白白辛苦做饭了，他们一定很伤心"等。

（4）阐明自己的心意及决心。

这是在上一步的基础上，表达自己知错就改的决心，告诉对方自己的决定，让对方感受到自己也很难过，比对方更加迫切地渴望解决错误所带来的问题。

譬如，"看到你很疼，我很担心你受伤，我以后跑步一定多注意旁边的人""看到弄湿你衣服了，我好后悔，真怕你着凉感冒，我不会这么洒水玩了"等。

（5）及时弥补对方所受到的伤害。

这一步是道歉过程中最关键的一步，"对不起"并不是说说而已，对别人造成的伤害是不可逆转的，要尽可能地去弥补对方，把伤害减到最小，这样才是对他人负责也对自己负责的一种表现。

譬如，赶紧扶起被撞倒的人，让湿了衣服的人把衣服脱下来以免着凉，帮他人把倒了的饭菜收拾好等。

总之，无论做错了什么事情，要让孩子在自己能力可控的范围内做出行为上的补偿，让受到伤害的一方感受到自己真心改正的态度。

通过这几个步骤，一来能让犯错的孩子体会到别人的难过，二来让他们在补偿中付出代价，加深他们对犯错的印象，大大减少下次再犯的概率。希望孩子们以后的每一句"对不起"都是经过深思熟虑的，都附上勇于承担责任的态度和积极解决问题的行为。愿孩子在幼儿阶段能拥有责任感，这样未来的世界会更加美好。

# 下雨的味道

马墁俪

"还有一首歌的时间，我们的整理时间要结束啦！"思蕊小朋友在提醒大家。在这个普通的星期二，孩子们和老师"沉浸"在收拾玩具中。"轰隆隆"的雷声打断了在收玩具的孩子们，他们停止了手里的工作，害怕的孩子用手捂住了耳朵，教室变得安静许多。"我好像闻到下雨的味道了！"潘炫突然对我说。"什么？下雨的味道？"我重复一遍。"是呀，不信你闻一闻，是雨的味道！"他一边说一边对着阳台做出闻的动作。我们的对话引起了在旁边收拾玩具的孩子的注意，他们也随着潘炫闻了闻——"是下雨的味道""我也闻到了"……一时间教室里的孩子都在讨论，在阳台的孩子告诉我："下雨啦，你看下雨喽！""哦，好的，那我们收拾完玩具，一起到户外尝尝雨的味道，好吗？"

等我们组织好孩子们走到一楼大厅，雨已经变小了，天空飘着毛毛细雨。"好多的雨掉了下来，你们看到了吗？""看到啦。"我站在门口指着天空问："你们觉得是什么形状？"孩子们回答我："一点一点的。"还有的说："有点长长的。"我说："现在下的是毛毛雨。""我也闻到雨的味道了，那雨是什么味道的呀？"我开始提问。"嗯，好像有点土的味道。"letty一边闻一边说。恩恩伸出手去接雨，尝了尝说："就是有点像喝的水的味道。"见雨已经停了，我提议出去到户外逛一逛。雨后，天空变得清澈，太阳还没完全出来，被雨水冲刷后，周围好像变成新的一样。经过几棵桂花树旁边，孩子们纷纷说道："好香好香，是什么味道？""你们看这里的桂花开了。"我引导孩子看向桂花树。"这个花小小的。"石头说道。"哇，这个花香香的，是刚才的味道。"皓尹说道。几个孩子走近桂花树，伸手想要摸桂花，可是轻轻碰了一下桂花，叶子上的雨滴全都滴落在他们的小手上，"哦，我的手……""咯咯咯"不知道是谁小声地笑，"哈哈哈"又不知是谁大声地笑了，后来所有的孩子都笑了。张老师引导孩子观察雨滴在叶子上的形状，好奇的孩子用手轻轻拨动叶子，雨滴就顺着滑了下来滴在泥土上，泥土变得湿润、疏松。孩子们蹲下来发现小草上也有雨滴，但是比树叶上的要小一点，兴奋地告诉我："这也有雨滴。"

我们围着幼儿园走了一圈，回来时孩子们手里都握着一两颗小雨滴，互相讨论着刚才在外面的发现。站在班级门口，我问："小朋友们，你现在知道雨是什么味道的了吗？"每个孩子似乎都有了自己的答案。偶然的这次机会，能给孩子"生命教育"，感受自然气息。平时饭后散步，我也会引导孩子观察周围的环境，让孩子走近、亲近植物。或者躺在树荫下的草坪上舒舒服服地来一个空气浴，或者在矮树丛玩一次躲猫猫……能够感受幼儿园的阳光、空气、水，谁还不爱上幼儿园呢？

走进孩子的世界，
和他们共同生活、共同游戏，
做他们的好朋友。

# 护手霜的故事

邢 娟

在幼儿园保教不分家，班级老师干活之后要洗手也是正常的事情。天气逐渐变冷了，偶尔会干燥，老师专门带来护手霜在洗完手之后来擦，这一小小的事情被这群可爱的孩子发现了，由此引出许多话题，有的小朋友问："老师，你在干什么呀？"有的小朋友问："这是什么香味的，怎么这么香呀？"还有的小朋友告诉老师，在家里他的妈妈洗完手也会擦，而且还用香香擦脸。

记得有一天中午进餐前，老师帮孩子们擦完桌子，然后去洗了手，拿起护手霜擦了起来，这时候，欣童走到老师面前用好奇的眼光看着老师，然后认真地对老师说："邢老师，你和何老师、铁老师洗完手都会擦香香，怎么用不完呢！怎么样你才知道用完了呢？"听到欣童这个问题，老师灵机一动把这个问题提给了班上所有的小朋友，请小朋友一起想办法来解决这个问题，于是餐前的一次有意义的谈话活动就这样开始了。有的小朋友说："你捏捏它呀，就知道有没有了！"有的小朋友说："你大力一点倒它出来，如果倒不出来就没有了！"小朋友讨论得正激烈的时候，林莉高高地举起手说："老师，我有句话说！你把香香拿着到太阳光下面照着看，就可以看到香香有多少了！"老师听到林莉的话问林莉："你怎么知道这个方法的？"林莉说："有一次，我在家拿妈妈的香香擦，妈妈告诉我的！"根据林莉的这个方法，下午的小组活动，老师和小朋友在沙水区用容器和沙水进行了实验操作。

其实我们的教育教学活动，在平时生活的点点滴滴都会有许多好的知识点，会带给孩子们意外的收获，只要善于发现，你会发现孩子们的身边会有许多可以开展的学习点子，会让孩子们更加好奇，他们会更加愿意去发现问题、解决问题。

让我走进童心世界，
和孩子们一起成长。

第三辑 寓教于乐说收获

# 成长虽缓慢，但我"静待花开"

熊婕琳

　　孩子是"蜗牛"，是一只需要老师、爸爸妈妈及家里其他成员牵引的"蜗牛"。学前儿童则是一只"蜗牛宝宝"，他们刚刚从一个叫作"家"的"卵"里孵出来，进入一个叫作"社会"的大千世界，涉世未深的他们需要我们成人来积极、正面地引导。我们都知道"蜗牛"是行走缓慢的动物，孩子在开始学习、成长的过程中则像蜗牛一般，会慢一点。那我们在引导孩子时，是不是得放慢自身的"脚步"，耐心等待一下他们呢？答案是肯定的。虽然孩子在学一样新的东西时需要的时间会长一点，但是在这之后，他们"前进的脚步"将会以我们意想不到的速度加速前行。说到这里，我想起了一个我与孩子在日常相处中发生的小故事——

　　在我的小组里有一位叫轩轩的男孩子，他的语言表达能力比同龄的孩子要弱一点。记得在刚来园时，轩轩在表达一样东西时只能说出一个字，如在做计划时，"玩具区"三个字，他只能说出"玩"字，因此在他做计划时我通常都需要去猜测他要表达的意思。虽然在听他计划时听得很费劲，有时真想让他中途停止，但看到他在努力表达自己想法时认真的表情，实在让我狠不下心来，我想，如果我让他停止了，他一定会感到很受伤。因此每次在听他计划时，不管他是否能完整地表达出来，我都会听他把计划说完。

　　虽然轩轩的语言表达弱，但轩轩喜欢表达自己的想法。当我观察到这点后，我决定先尝试引导轩轩表达出完整的一个词。在一次计划时间，轩轩还是说了个"玩"来表达想去的"玩具区"，当他说完后，我问他："轩轩，你是想去玩具区活动是吗？"轩轩笑着点了点头，接着我对他说："那在你去活动前，先请你跟我一起说一遍'玩具区'三个字吧！"轩轩点头同意后，我先把"玩具区"三个字说了一遍，轩轩饶有兴趣地听着，但当我请他来说时，轩轩沉默了，我心想：估计是三个字太难了吧？然后我想了下，决定先把"玩具区"三个字一个一个字地拆开来说。轩轩在我说一次他说一次的"跟读状态"下可以把"玩具区"这三个字逐一说出来，当我请他说"玩具"两个字时，轩轩就"卡壳"了。我想：他也许需要一点时间来"缓冲"一下吧。自此之后，在每次的计划时间，我都会跟轩轩一起把他想去的区域的前两个字（如"玩具区"的"玩具"）一起说一遍，等他跟我一起说完后才"放"他去活动，现在回想起来觉得自己有点"魔鬼教练"的感觉，但值得庆幸的是，在这样日复一日的"魔鬼训练"下，轩轩从只能表达一个字的"字表达"升级到了可以表达一个词的"词表达"级别。看到轩轩有了进步，我也升级了对他的"语言训练"，从两个字的"词表达"升级到三个字的"词表达"……可以说，每当发现轩轩的语言有了新的进步，我就会根据他的进步来改变我对他的引导。但只有幼儿园的引导可不够，还需要在家时家里人的引导。因此，除了在幼儿园老师对他的语言训练外，在家里，轩轩妈妈也对轩轩的语言表达进行了"特训"。在每天坚持不懈地"训练"下，轩轩从表达一个字进步到了一个词……到现在（小班下学期），轩轩从当初单词的表达进步到了能够用简单句子的表达展示自己的想法。

在我看来，每个孩子的能力发展都是有所差异的，在面对轩轩较弱的语言表达时我选择了接受，我认为这是我作为一位幼儿园老师做得最正确的一件事。轩轩在学习语言的途中就像"小蜗牛"前行一般缓慢了一点，虽然轩轩在这条名为"进步"的道路上行走得缓慢了一点，可是有一点可以肯定的是——他在进步。虽然在"进步"这条道路上前进的步子慢了点，但轩轩没有停下他前进的步伐，他一直在"勇往直前"。看着轩轩在一点点地进步，我的心里也为他由衷地感到高兴。因此，我认为作为一位幼儿园老师，我应该要尊重孩子的能力差异，接受他们的不同，耐心地陪伴他们逐渐成长。孩子的成长虽然缓慢，但终会"待到花开"。

# 宝贝在成长

李 川

记得九月初的幼儿园一楼是哭声一片，不少小班的孩子们刚到幼儿园还没能很好地适应幼儿园生活，更舍不得平日里朝夕相处的爸爸妈妈或爷爷奶奶，来到幼儿园后各种"哭天抢地求抱抱"；甚至四处乱跑，期望能找到自己的爸爸妈妈或爷爷奶奶；更甚者，心中"愤恨难平"，变身"破坏王"东打西踹，随手抓到玩具就四散乱扔，"事故"接二连三，真是让老师们应接不暇、费神劳心……

转眼一个半月过去了，再次接到任务，到小班协助，心里是又爱又怕的，爱的是萌娃们走路还不太稳却每一步都落地有力的可爱模样，爱的是萌娃们口齿还未清晰的"牙牙"奶音，爱的是萌娃们总是会有让人啼笑皆非的神逻辑……然而，也怕，怕的是他们有力的小腿总能一不留神就健步如飞地带着他们自由的灵魂跑到了你想不到的地方，怕的是他们控制不住心中的激动咿呀尖叫穿破耳膜的震慑力，怕的是他们执拗地坚持着奇特而无理的要求不肯罢休……

怀着惴惴不安的心情，又来到了小班的教室。还在门口就看到两三个孩子正在举着杯子要去洗手间漱口，还不忘互相提醒要"挂毛巾、挂毛巾"。看到陌生面孔的我，他们先是一愣，在老师的提醒下，孩子们陆陆续续地说着"早上好"，这稚嫩的声音呀，真是甜美极了！

活动时间时，孩子们甚至还热情地端着他们"烹制"的各色菜肴、甜点让我品尝；打着一通通"越洋电话"介绍着自己的名字和最喜欢的玩具；在规定范围内追着跑着玩打怪兽的游戏；在我佯装受伤难过时，立即停下追打，上前小心翼翼地询问，甚至还有暖暖的拥抱……看着这一个个可人的小天使呀，内心真是欣慰极了！

整理时间的音乐声响起时，孩子们随意跟唱着，互相提醒着"收玩具啦"，手上也没闲着。捡起一两个玩具还不够，怀里还要再抱一些，虽然一路走、一路掉了好几个，但是看着他们来来回回努力想要尽力、尽快收好玩具的模样，也真是可爱。作为"客人"的我捡起几个不知是什么的玩具，随口问了句："这是什么？"就有三四个小家伙跑上前来抢着解说，还主动告诉我那玩具是在哪儿的，还有的直接就说："我知道它是哪里的，我来放。"俨然一副小主人的架势。这满满的归属感和小主人的劲儿呀，真是美好极了！

好多个瞬间，我都认不清这竟是一个半月前哭闹疯跑的小宝贝们，也记不起一个半月前他们那让人抓狂的举动。时间过得真快，孩子们成长得更快，感觉他们的变化就在弹指一挥间，似乎有枝神奇的魔法棒悄悄地施了法术一般，宝贝们指数般地成长，真好！

# 老师，我会想你们的

羊芳能

幼儿园是孩子的快乐天地，孩子们在这里度过健康快乐的童年时光。幼儿园教育作为整个教育体系的基础，对孩子的一生成长有着深远的影响。俗话说："三岁看大。"确实，3岁是一个很重要的学习阶段，孩子也到了适合上幼儿园的年纪。而孩子上幼儿园即意味着他将离开他熟悉的人和环境进入幼儿园生活，在这个过程中，由于直接面临着家长与孩子的长时间分离，有些孩子会有分离焦虑的表现。

RR是一个三岁半的小女孩，一直由奶奶照顾长大。RR很黏奶奶，一刻都不能分开。不论奶奶做什么事情，都必须要在RR的视线范围内。而奶奶对RR也是百依百顺，只要RR想要的东西，奶奶都会去满足她。如今RR要上幼儿园了，奶奶也是很焦虑，担心RR离开了自己是否能适应幼儿园的生活。

果不其然，在幼儿园三天适应计划结束后，RR的确出现了较为严重的分离焦虑情况。RR每天早上来园都抱着奶奶难分难舍，痛哭流涕。而奶奶也心疼孩子，久久不肯离去。奶奶不放心把孩子交给老师，当孩子哭泣不想跟奶奶分开时，奶奶则会抱着RR在幼儿园里散步，甚至会同意孩子提出的不上幼儿园的请求。分离焦虑，不仅孩子需要适应，家长也需要克服这种情绪。因为大人舍不得和孩子分开而造成孩子产生分离恐惧的情况不在少数，这不但严重影响孩子正常入园，也对班级其他孩子的情绪产生很大的负面影响。面对这种情况，班级老师也进行商量，制订了一些策略来帮助RR平稳快乐地过渡到幼儿园生活。

首先，老师跟RR奶奶进行了沟通，请求奶奶先调整好心态，不要将分离的焦虑和恐惧带给孩子，并和善而坚定地鼓励孩子上幼儿园。奶奶的教育理念跟幼儿园同步，才能更好地开展家园合作，帮助孩子适应幼儿园生活。

其次，和RR建立友好的关系。据老师观察，RR是属于依恋成人型的分离焦虑情况，比较缺乏安全感。他由奶奶一手带大，没有离开过奶奶，很少跟其他人接触。作为老师，主要采取了以下措施：①需要认可孩子的情绪，理解孩子与大人分开时的恐惧和不安。②循序渐进地帮助孩子克服分离焦虑的情绪。老师努力地跟RR建立新的依恋关系，多陪伴，多鼓励，让RR知道老师是爱他的。同时也允许孩子带一些依恋物陪伴着他，让他有一些安全感。老师也会让适应得比较好的孩子帮助RR，跟他一起玩游戏。

最后，老师每天用照片和文字的形式观察记录RR在幼儿园的表现，鼓励他，并及时与奶奶沟通，奶奶回家也用老师发的孩子在园时的照片跟孩子进行回顾，积极正面地引导孩子说出在幼儿园发生的趣事，让孩子对幼儿园产生好感。

在经过一个月的适应中，RR已经能够独立上幼儿园了，奶奶也不再担心RR在幼儿园的生活。有一天放学，奶奶来接RR，临走的时候，RR站在门口大声地对老师说："老师，我会想你们的。"我想：这一定是孩子发自内心最真实的表达，是一位老师最幸福的时刻。

不可否认，每个孩子都是家里的宝贝，爱子心切的大人们时刻牵挂着在幼儿园生活的孩子。但是，人的一生中，每个第一次都应该让孩子亲自去尝试，这些第一次都会是孩子成长过程中的重要时刻。我们只有学会放手，并积极地鼓励、引导孩子，孩子才能真正独立和长大，所以，请不要剥夺孩子成长的机会，相信孩子，静待花开！

# 小小地收获，大大地幸福

李 川

时光荏苒，岁月如梭。

还记得我刚到这里报到的时候，很多事情都是一脸懵，环创？怎么弄？还有主题墙、作品墙，怎么搞？idea从何来？我甚至连很多美工材料的名字都叫不出来……孩子们也都不认识，名字喊不出来，着急的时候，也只能用"这个……这个小朋友，那个绿衣服的小男孩儿"，可孩子们玩在兴头上的时候根本不会注意到这些描述是不是在叫自己，所以回应甚少。平时也只有少数几个孩子会走到我身边离我一臂远的距离问："你是谁呀？你是我们的老师吗？"

转眼一个学期过去了。

环创方面的理解，我跟着几位老师一起剪剪贴贴，也算掌握了五六层，知道所有张贴之前用即时贴打底，知道有的时候用泡沫胶来贴会比双面胶更立体、好看，知道孩子们的平面作品加个边框可以更艺术，知道较大面积的即时贴张贴如果用泡泡水过一下，这样不仅方便张贴还不容易有气泡。每弄好一个小贴纸或KT板什么的，就觉得自己好有成就感，又掌握了一个新技能！

现在，孩子们的大、小名我也都熟记于心了，甚至对孩子的生日、星座也都有所了解。最温馨的是孩子们不再是有距离地立在我面前问生硬的问题，而是会突然直奔怀里熊抱撒娇地叫"妈妈"，或瘫坐在我的大腿上一起看绘本，一起分享在家里的点滴，甚至还会拉扯着我盛情邀请去他家里吃妈妈做的爱心便当。每当这种时候我就很欣慰，觉得孩子们跟我近了，把我当朋友看待了。

一个学期下来，迷茫过，着急过，失落过，但更多的是收获——收获技能、收获友谊、收获信任。

将快乐传递给每一个孩子，
让孩子的世界变得更加美丽精彩。

# 以小见大：一则家校沟通中的故事

张晓明

　　家长作为幼儿教育中不可缺少的一个角色，在家园共育中起着至关重要的作用。而建立良好的家园合作关系，就必须和家长保持健康良好的关系。在教育中，家长和老师都是平等合作的关系，脱离了其中一方，那么教育则失去了意义。

　　在日常工作中，大部分的工作都离不开与家长交流，不管是班主任还是配班老师或者保育老师，与家长的沟通都是涉及各个方面的。很多时候，我们在与家长沟通中，经常是讲重点或一些特别的事情。一方面，因为老师关注的事情比较多，对幼儿出现的情况往往是突出的、重要的事情印象深刻；另一方面，老师需要和不同的家长进行沟通，由于时间问题，只能在面谈中直说重点。这样，往往在细小的问题上忽略了家长关心的问题，而造成误会。而我们也从一件发生的小事上有了很深刻的感受。

　　小宝是一个很活泼的男孩儿，平时在班上喜欢和自己的小玩伴一起玩，有时候会因为兴奋而忘记安全规则。有一天在离园时间，小宝和几个男孩儿在教室里玩玩具，正常地等待妈妈来接。后来小宝在教室玩耍的时候不小心被一个孩子撞到，鼻子流血了，几个孩子"急中生智"地去洗手间止血，并拿纸巾把鼻子擦干净。后来，在其他孩子的告知下，老师知道小宝受伤流鼻血了，正准备处理的时候，家长来了。孩子将事情的过程告诉了家长，当时，小宝妈妈听完后没有说什么，在老师的陪同下去医务室进行处理后回家了。我们以为事件会就此结束，可是当天晚上接到小宝爸爸的来电，大概的意思是妈妈和孩子的说法跟老师当时的解释不一致，因此产生了一些误会，事情也持续了一两天。

　　在我了解完事情的来龙去脉以后，首先，我们班上全体老师也为此表达了歉意，向小宝家长承认了工作上做得不够好的地方，也耐心地和小宝家长进行多次沟通，不管是电话还是面谈，我们都及时地反馈工作情况，希望家长对我们的工作能够信任和支持。在双方积极的沟通下，误会终于解开，家长最后也表示很支持班上老师的工作，对于孩子的问题，大家今后会继续加强教育和关注。

这件事发生后，我们几位老师进行了总结。原因有以下两个方面：第一，老师对于事情的发生缺乏详细的了解，因此在与家长沟通的过程中，让家长对事件的说法产生误解。第二，在孩子受伤后，老师后知后觉，没有在第一时间将孩子送到医生处进行专业处理，在一定程度上增加了家长对事件的怀疑。通过这件事情，班上几位老师进行总结和讨论，认为要以小见大，细小的事情也有可能因为处理不当而变得严重。因此，我们不仅要做好日常的工作，还要仔细观察，跟踪并及时和家长反馈孩子的情况。让家长对我们的工作更放心、更信任、更支持！

用金子般的爱心，
收获纯洁的欢笑与真诚，
感受彼此心灵的贴近。

第四辑

# 因材施教予关怀

**04**

# 倪倪的启示

欧阳淑仪


孩子的一颦一笑都牵动着家长的心；然而身体上出现了严重问题的话，家长的紧张、焦虑、无助，就可想而知了。

本学期的身体检查中，班级老师才发现倪倪小朋友的右眼视力只有4.0（即只能看见视力表上最大的字母）。老师们对此惊讶不已，因为家长从来都没对老师们反映过此情况。

后来，跟家长了解后，才知道家长也是最近才知道此事的。同时，医生说倪倪的情况是先天弱视，治愈的机会不大。尽管如此，倪倪的父母还是很想通过物理训练帮其尽量改善。

对此，老师们积极向家长了解具体情况，并上网搜寻相关信息。老师们希望通过一些集体教学活动、游戏活动等方式让倪倪正确看待自己的身体状况，积极配合进行视觉训练。

在班级教师的商量讨论后，老师们针对性地做了以下措施。

**1. 有趣的认知活动**

结合本学期的身体主题的AH-HA探究，老师在大组活动中，专门设计了一节关于眼睛及眼镜的课程。在课程中，孩子们讨论了眼睛及眼镜的作用。老师也借此机会让孩子们认识不同眼镜。其中，老师让孩子们重点感受老师改装的玩具——弱视眼镜。

**2. 有趣的区域材料及游戏**

为了让孩子们对弱视训练眼镜能像对普通眼镜一样，有一份正常的心态，老师在医院区投放了弱视训练眼镜，并在医院区的墙面上挂上两幅手工制作的童趣视力表。在工作时间里，老师让孩子戴着弱视训练眼镜看视力表玩游戏。

第四辑 因材施教予关怀

### 3. 定时地佩戴弱视训练眼镜

由于倪倪的右眼弱视太严重，所以长时间佩戴弱视训练镜会出现头晕。在和家长的沟通后，我们尝试在幼儿园早上、下午各戴一小时。经过班级教师的配合和努力，孩子们第一次见到倪倪佩戴自己的弱视眼镜时一点都不惊讶，也没有表现出任何好奇等异样的情绪。同时在多次的游戏组织后，班级孩子都不需要老师带领，也会自发地合作玩弱视训练镜看视力表的游戏了。有时，倪倪也会和小朋友们一起玩。得知班级孩子仍能以一份平常心对待带着弱视训练镜的倪倪，倪倪爸爸妈妈的心终于放下了。因为倪倪父母一直怕孩子们会以异样的眼光看倪倪，让倪倪产生心理阴影。

倪倪在班级的视力训练进行得非常顺利，老师们以为自己的任务完成了。后来才发现，在看精细的东西时，倪倪实在太艰难了。她会偷偷地用左眼看。实在无法看见时，她会尝试用纸巾擦眼镜，试图把镜片擦亮以后看清楚。在想尽办法还是看不见后，她就开始逃避使用弱视训练镜了。即使这样，老师们还是坚持鼓励她并约定使用时间，希望通过家园的配合，倪倪的右眼有所改善。

经过此次事件后，我个人的感触很深。

第一，所有歧视、嘲笑等负面的待人处事方式可以通过适当的引导而改变。

第二，所有无趣的训练和治疗可以通过游戏等方式而变得有趣。

第三，家园的及时沟通可以让我们对孩子和家长有更好的了解，家园的紧密配合不仅是帮助一个孩子，还给了一个家庭希望。

第四，任何一个改变都不是一蹴而就的。成人也要坚持！成人要坚持观察孩子的变化，坚持给予孩子支持。

希望通过我们的坚持能给孩子一个更好的未来。

# 学会理解宽容孩子

毛雅玲

每次午睡前，我们都要把教室窗帘放下来。而放窗帘的工作，孩子们总是积极主动负责。某天，我还在看孩子们上厕所，教室就传来投诉声："毛老师！骐骐把我们的窗帘玩坏了！""是他！是他故意很大力扯坏的！""就是他乱拉，把窗帘的线拉坏了！"面对小朋友们的指责，骐骐显得很暴躁："不是这样的！我才没有弄坏！"（因为骐骐是班里比较爱捣乱的孩子，经常会有孩子投诉他。但是他很不喜欢别人投诉，之前还会拉着小朋友说："你不要告老师好不好？"）我走过去说："好啦，小朋友们先去睡觉吧。"孩子们都上床睡觉了，骐骐还在一边不高兴。

我走到他身边搂过他问："能告诉我刚刚是怎么回事吗？"他不高兴地说："他们乱说！我明明没有故意很大力！""哦！那这个绳子是怎么掉下来了？"他有点为难地说："我想帮忙拉窗帘，没有故意很大力地拉，可是它就掉下来了，我只是想帮忙。"我笑着摸摸他的背："哦！谢谢你帮忙拉窗帘！或许窗帘绳子有点松了，下次你帮忙的时候轻轻把它拉下来好吗？""好的！"骐骐开心地去睡觉了。

后面几天里，骐骐都特别积极地先去拉窗帘再睡觉，而且小朋友对他的投诉也少了。在类似事件中，我发现幼儿特别需要别人的理解与宽容！当小朋友被周围的人误解，如果连老师都不理解，还要一起指责他，他的内心应该是相当愤怒的，也会觉得：什么老师啊！只会听别人乱说，不知道对错！我以后都不要听他说话。相反，如果在孩子需要老师支持理解时，我们给予回应，孩子心中应该是暖暖的，而且也会更信服于老师，觉得老师就是明事理，要更加听老师的教导。

# 午休小情绪

赖婷

　　豆豆午休后开始哭泣，老师询问他为什么哭泣，他看了一眼老师后哭得更大声了，一边哭一边往教室门口走去，走出教室门口3米左右，老师走出去蹲下来抱他回教室，他一边哭也一边抱着老师。老师询问他是否没睡醒时，他带着哭腔说"是"。于是老师决定采用吴博士的拥抱提供安全感的方法安慰他，将他抱在怀里，大概3分钟左右，豆豆的哭声渐渐减弱，最后情绪稳定下来了，老师提议陪着他一起换鞋子，他点头说"好"，笑着蹦着牵着老师过去换鞋子了。

　　第二天，他起来后慢慢走去鞋柜，站在鞋柜边的椅子旁边看着老师开始哭起来，他把室内鞋子脱下却没有穿上室外鞋，这次老师同样走过去，明知故问地询问："请问这是谁的鞋子呢？"他看着老师说："我的，是我的。"他开始坐在椅子上，并把鞋子放在脚边，依然没有穿上鞋子，并把袜子脱了下来。

　　第三天，他午休起来后，走到距离老师大概1米左右的位置躺下，带着哭腔看着老师，在老师关注其他幼儿，视线离开他时，他开始停止哭腔，依然躺在那个位置，眼睛看着老师离开的方向。

　　老师用儿童心理学的角度分析了一下孩子的行为动机。

　　（1）寻求关注：他直接躺在距离老师很近的地方开始哭闹，当老师抱着他的时候，他的情绪明显变得慢慢平和。

　　（2）寻求权利：当老师抱着他时，他的情绪开始平和，并且在老师的带领下与其他幼儿一起换鞋子。

　　（3）自暴自弃：他走到距离老师大概1米的位置躺在地上，带着哭腔，没有去做任何事情。

　　（4）报复动机：他坐在椅子上，并把鞋子放在脚边，依然没有穿上鞋子，并把袜子脱了下来。他试图让老师帮他穿鞋子，让自己躺在凉凉的地板上。

于是教师使用了以下策略：

（1）在幼儿来园时与豆豆拥抱，并关注他的情绪。

（2）在豆豆午休睡醒后走到床边拥抱他并说关心的话语，从行为与语言上在幼儿还未表现出情绪的时候关注他。

（3）用鼓励的语言夸赞他，如：你今天上午户外活动回来是自己换了室内鞋子，你的小手很能干哦。

到了第四天，豆豆起床后主动和老师打招呼说："老师，下午好！"关注策略看来还是起了一定作用的。

# 正视患有"阿斯伯格"综合征的孩子

朱美凤

中班第一学期，我们班转来一个男孩（化名：陈希），接下来的一年半，这个男孩的表现让我们班里的三位老师时常提心吊胆，更夸张一点，可以说给我们工作上带来了不少麻烦。

陈希总是会控制不住自己，跟别人有肢体接触，有可以让人接受的，更多的是让人反感的。只要在人群中，陈希总是抑制不住自己内心的兴奋，整个人就像打了鸡血一样。每天都不停地有孩子在我耳边说："老师，陈希扯我的头发。""老师，陈希把水泼在我的衣服上。""老师，陈希推我。""老师，陈希捏我的脸。"……每天听到这样投诉陈希的话实在是太多太多了，这样的事情每天不断，隔三岔五，陈希还会伤害别人：把正在站着小便的男生推到墙上，撞到嘴巴流血了；把正在跑步的小朋友推倒摔在地上擦破皮；甩衣服把拉链头甩到别人头上……因为每天的事情不断地发生，我们只能一遍又一遍地跟家长反映，一边和受伤的孩子家长道歉，一边向陈希的家长投诉他在幼儿园做过的事情。最后，因为这样的事情太多了，我们都觉得不好意思再找陈希的家长了。

一直到一次机缘巧合，我们了解到同行的老师班上也有类似陈希这样的孩子，他们建议孩子家长带孩子去检查，最终确诊为"阿斯伯格"综合征。同行的老师建议我们也和班上的孩子的家长说一下。为此，我特地查了"阿斯伯格"综合征的症状，确实和孩子的行为表现高度相似。可是，我们要怎么和家长沟通这件事情呢？要怎么开口才是最恰当的，家长才会愿意接受呢？于是，我们制订了一个观察记录表，每天详细记录陈希的行为表现，如对象、时间、地点、时间、原因等。我们在找一个合适的时机和家长进行沟通。

在这期间，我们老师也尝试了用多种方式去帮助陈希，因为知道他难以和小朋友相处，我们尝试过带着他一起加入同伴游戏中，每当老师在的时候，在有组织的情况下，游戏可以继续下去，但只要老师不在，陈希就会和其他小朋友产生矛盾。

我们一起制订班级公约，希望能通过公约的约束使孩子明白什么可以做，什么不可以做。公约实施了一段时间，对于班上大部分孩子来说是管用的，但是陈希似乎没把公约当成一回事。

我们尝试过各种方式。最终效果不明显，每天依旧有十余个孩子来投诉，我们只能先做记录。一直到学期末，我们和陈希的家长提出了这件事情，家长很乐意接受，并决定假期带陈希去检查，并且提到在寒假期间会尽量多陪伴孩子。

到了这学期，陈希与同伴相处仍旧像往常一样，一直到陈希的母亲和我沟通，知道陈希去检查被诊断为"阿斯伯格"综合征。在与陈希母亲沟通的过程中，我了解到，这种症状的孩子与同龄人是很难相处的，但是奇怪的是，他和比自己年长的成人还比自己年幼的小孩的沟通是无障碍的，另外，"阿斯伯格"综合征的孩子在情绪上有很大的问题，他不懂得去感受别人的心情，在弄伤别人或者弄哭别人后是没有感觉的。其实很多时候，这种孩子并不受自己的控制，他只希望得到同伴的关注，希望和别人成为好朋友，但是他的方式是不被人接受的，甚至会令人产生厌恶，渐渐地被人排斥。每次在成人提出他的这种行为不合适的时候，他是不知道的，他会说："我没有这样做。"他的心里有另外一个世界，他可能真的不是这样想的，或者他不知道自己做了什么从而伤害了别人。"阿斯伯格"综合征的孩子自己的内心也是痛苦的，他的行为不受自己控制，他希望得到别人的关注，但方式总是不正确，一直不被人接受，越是不被接受，越想得到别人的关注，慢慢地，只能用攻击别人的方式得到别人回应，至少在心理上得到满足。

通过和家长的沟通，我们班上三位老师也进行了座谈，我们要正视陈希的问题，不要用异样的眼光去看待他，他是很可爱的孩子，只是和其他孩子有点不一样，我们需要给他更多的爱，这个爱是有原则的爱。尽管我们知道老师的努力起到的作用并不大，但是还是希望能尽量去陪伴和引导他，强化他的优点，弱化他不好的行为，帮助他一起加入同伴的合作游戏中，慢慢结交到自己的好朋友。

　　尽管陈希给我们带来很多大大小小的麻烦，但是他还是有很多值得我们夸赞的地方。我不愿意说他是特殊儿童或是有问题的孩子，我知道他只是和别人不一样。陈希在我们班，注定我们班上三位老师需要花更多的时间去关注他，会很累，但是我也想通过自己的绵薄之力，至少在幼儿园阶段，在我的陪伴下，有班上老师和孩子的陪伴下，能让他感受到幼儿园的乐趣，让我们老师去帮助他、引导他，慢慢地，小朋友也能接纳他。

# 特殊孩子特殊对待

颜祁宇祯

　　有的幼儿活泼好动，有的幼儿安静。常听多数家长说："我的孩子只要睁开眼就没有闲着的时候。"对了，这就是幼儿的特点，他们总是不停地做各种动作，不停地变换活动方式。

　　我们大一班这学期就有这样一个幼儿（他叫小翔，一个男孩儿），他超级爱动。他坐不住，站不住，午休睡不着。他特别爱动，表现如下：坐着时手脚不停，摸摸这儿、摸摸那儿，一会儿拉他的拉链，一会儿扯他的衣角，总是忙个不停；站着时总在晃悠，摇头晃脑，伸手跺脚；中午孩子们都午睡，但他躺在床上总睡不着，不是在床上翻来翻去，就是发出一些奇特的声音；他总是闲不下来。特别是他没有午休习惯，影响到其他小朋友，针对这样特殊的孩子，我采取特殊对待：每天到午休时间，我就会静静地走到他身边，和他做个约定，我尊重他可以不那么快睡觉，可以睁开眼睛，静静地躺着，玩玩手指，但不能翻来翻去，不能发出其他的声音，以免打扰别人。睡觉时就让他一个人睡一张床，这样就影响不到其他小朋友了。一周、两周、三周、一个月、两个月过去了，久而久之，他午休的习惯也养成了。

　　说真的，要想管理好班上几十个幼儿管理方法很重要，尤其是对待这样特殊的孩子，要有打持久战的准备，要有足够的爱心、耐心和恒心，不能轻易放弃，只有把爱心和耐心全部奉献出来，才会得到丰厚的回报。

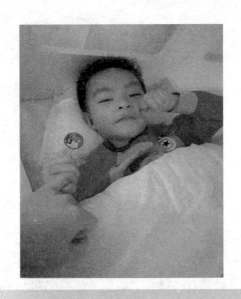

给孩子一缕阳光，孩子会给你一个太阳！

用心，用爱，努力做到最好！

# 孩子，你可以畅所欲言

曹孜彤

　　沟通是很好的教育方式，每一个孩子都有自主与别人沟通的愿望，让孩子表达出自己的意愿和想法，才能培养孩子独立自主的意识，学会大胆地发出自己的声音。

　　一天午饭时间，老师看到平常吃饭吃得很快的天天一直坐在椅子上，拿着筷子搅拌碗里的青菜，老师走到他身边，问道："天天，你是不想吃了吗？"天天看了看碗里的青菜，又快速看了眼老师，低着头说："没有啊，我很喜欢吃。"老师说："好的，那你快吃吧，不然饭菜就凉了。"老师在旁边观察天天，发现他只是拿着筷子搅拌碗里的饭菜，但是并没有往嘴巴里送，老师再次走到他身边问："你是不是吃不下了？还是你有哪里不舒服？"天天跟老师说："没有啊，我哪里都很舒服，也吃得下。"然后夹起一块青菜放在嘴里，但是他的表情却不是享受的样子。老师觉得天天有心事，于是蹲下来，问道："天天，你是不想吃吗？如果你不想吃，你可以告诉老师。"天天想了半天，然后支支吾吾地说："嗯，确实是有点吃不了。"于是老师请天天收餐、洗手准备散步。

　　散步时间，老师和天天聊起刚刚的事情，老师问道："天天，你是不喜欢吃还是吃饱了呢？"天天回答道："确实是有点不喜欢吃。"老师蹲下来对天天说："如果你不想吃，你可以告诉老师，因为每个人都有自己不喜欢的东西，对我们的身体好的东西，我们可以去尝试，老师看到你已经在努力尝试了，如果你实在吃不下，可以选择不吃。"天天睁大眼睛看着老师说："为什么在家里不是这样子呢？在家里爸爸妈妈会要求我全部吃完。"老师摸着天天的头说道："如果你有什么不想吃的东西，你可以跟爸爸妈妈商量，因为每个人都有他不喜欢做的事，你可以告诉他们，你喜欢什么和不喜欢什么。"天天低着头说："嗯……还是算了吧。"

老师发现天天在家里很不善于表达自己的想法，于是私下主动联系了天天的爸爸妈妈，说明了他在学校发生的事情。天天的妈妈告诉老师，有时候天天的爸爸会要求的比较严格，让他必须把东西吃完，天天也会照做，但是他们发现天天慢慢长大，有时候都不愿意跟他们分享平时在幼儿园的生活，也越来越不听爸爸妈妈讲话，但是他们不知道从何入手。老师建议天天的爸爸妈妈从现在开始重新和天天建立沟通的桥梁，从他感兴趣的话题入手，也让天天多参与一些家庭里的小决策，如果孩子不愿将内心的感受直接表达出来，那就需要父母来引导孩子说出心里话，在班上老师们也会多鼓励天天大胆地表达自己的内心想法。

有时候，成人往往会抱怨孩子不听自己的话，那么我们是否在意孩子说过的话呢？鼓励孩子大胆地说出自己的想法，这有利于彼此思想的沟通，从而化解矛盾，达成共识，对孩子来说与家长沟通是一种自信、自尊的表现，也能帮助孩子变得自信和独立。

面对孩子的感受，需要我们换位思考，理解孩子心中怎么想，对孩子要理解，而不是否定！

我要把微笑绽开给孩子，

把鼓励传达给孩子，

把关爱赠送给孩子，

让每个孩子都尽享教育的真爱。

# 终于轮到我了

赖 婷

在KD2班有个小小的默契，只要先吃完早餐的小朋友就可以先去选择字卡或者天气卡片来阅读。这一天和往常一样，早早吃完早餐的小朋友拿到字卡开始认真地看起来。源源坐在老师的旁边，看了一眼外面的天气，再低头找到一张天气卡片拿在手里望向老师说道："老师，今天我来帮你放天气卡片吧！""好的，谢谢你帮老师放天气卡片。"老师也有礼貌地回答道。

接下来晨晨吃完早餐走到了源源身边说道："我也想玩儿，你可以分我一点吗？""不行，你必须回答出来是什么天气我才能给你。""好吧，那你给我看，我来猜。"这时候源源手里拿着一沓厚厚的天气卡片一张张地给晨晨看，只有晨晨答对了卡片上对应的是什么天气，源源才会把相应的卡片给晨晨。就这样玩了3分钟左右，又有小朋友加入进来。源源说："那好，看看你们两个谁先答对就会获得卡片。"随着时间的过去，越来越多的幼儿吃完早餐参与进来。终于，当有一个小朋友说到"好挤啊"之后，就有小朋友主动说："我这儿有很多卡片，我们一起玩吧。"就这样，班里十多个吃完早餐的幼儿分成三四组玩起了识字卡片游戏。没吃完的小朋友看见热闹非凡的场面都被吸引过去。不一会儿回过神来，也许是想一起参加游戏的兴趣被激发了，没吃完的小朋友都开始认真地吃起早餐，以便尽快加入他们的游戏。

除了一两个来得比较晚的小朋友外，其他的小朋友都开始加入游戏中，但是天气卡片远远不足以提供给那么多的小朋友一起游戏，于是有一个幼儿提议："那边有字卡，不如我们去认字吧。"于是一半的小朋友开始玩起识字游戏，三个、四个、五个……小朋友都自发地围成一个小圈圈，变成了一个个小队，每队都有一个负责展示字卡的小朋友，而另外的小朋友则要以最快的速度准确读出什么字才能获得卡片。当他们遇到不认识或者不确定的字则

第四辑　因材施教予关怀

会求助老师。

当负责出示字卡的小朋友发完手里的字卡时，其他幼儿便开始数，看看哪个小朋友拿到的字卡最多，下一轮则由其出示字卡，其他小朋友来猜，每个小朋友都希望自己能拿到最多来当下一轮"小老师"出示字卡。耳边会时常传来小朋友的声音："耶，终于轮到我了。"当给孩子提供了一个良好的环境与材料，学习就自发地形成了。

做孩子的良师益友，
与孩子共同成长。

# 我希望他们都不来

李嘉妍

　　明宇胖嘟嘟的，我喜欢叫他肥仔。他也喜欢，不过他不喜欢别人叫他肥仔，而我这样叫他，他是同意的，有时候我不叫他肥仔他还不乐意呢。快到学期末了，班上突然爆发了流感，班上就剩下了6个坚强的孩子坚守阵地，明宇是其中的一个。

　　周一，明宇第一个来上学，我们欢迎明宇："哇，你是第一个来上学的。"

　　明宇一听，紧皱的眉头就舒展开来了，自从到中班，明宇就没得过第一名了，因为班上有教职工的孩子，明宇是不可能比人家早的。这一天，明宇都显得特别快乐，动不动就走上来喊我一声："李老师。"明宇实在太可爱了，每次他一叫我我都会张开双臂求抱抱，明宇就会扮成木头人倒在我怀里，嘴里还念念有词："哎呀哎呀……抱太紧啦。"然后一次又一次地过来玩抱抱的游戏。这一周明宇都特别开心，平日沉默的明宇突然变得开朗起来，不停找老师和小朋友聊天，宁老师也说："明宇这几天感觉很欢乐呀。"

　　周五欢迎时间，老师和小朋友分享："这周终于过去了，下周小朋友隔离期满了，大家都可以上学了。"小朋友们都在欢呼，我坐在明宇旁边，听到明宇很小声地说了一句："都别来，回家！"我问明宇："明宇，你想要回家？"明宇摇摇头："我是说他们回家，不要来！"我追问道："为什么呀？你希望小朋友都在家里不来上学是吗？"明宇点点头，但是再也没说什么，这一天，明宇似乎没之前那么开心了。

　　那一整天，我都在回味明宇那句话："都别来，回家！"明宇不希望其他小朋友回来，而原因我是知道的。明宇很缺乏安全感，小班的时候，明宇几乎哭了一个学年，好不容易适应了班级生活。到了中班，班上更换了两名老师，来了一名新的实习老师，而最熟悉明宇的老师——我，却因为工作很忙经

第四辑　因材施教予关怀

常不在班上，班上剩下了三名对于明宇来说是陌生的老师带着他们，尽管班上的老师对孩子们都十分关心和负责，班上孩子也很快喜欢上了新的老师，但是对于适应能力不强的明宇来说，这似乎真的对他是一种挑战，而且班上还新加入了8名新生，这些新生对老师来说是一种挑战，因为他们还没有建立好规则意识，因此我们都把更多的关注点放在新生身上，让明宇更觉得不能适应。这周流感爆发，班上只有6个孩子，老师把关注点平均地放在每个孩子身上，于是明宇又觉得自己被重视起来了，而当小朋友都来了的时候，明宇知道，他可能又会被忽略了。

下午，明宇妈妈来接明宇，我用力抱了抱明宇，对明宇说："再见肥仔，我希望你下周也开开心心地来上学，李老师准备了好多抱抱，每天送你一个。"明宇笑着说："哎呀哎呀……抱太紧啦，拜拜李老师，我下次第一个来。"

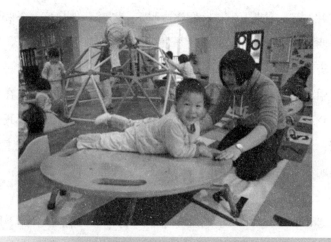

做人以真，
待人以善，
示人以美。
永远保持一颗童心，
做孩子们的好朋友。

# 在规则中给孩子自由

张红霞

在幼儿园，我们经常会看到这样的场景：教师带着孩子们出去户外活动时，会事前要求孩子们注意安全，不要到处跑，要在老师规定的地方玩等，可是，当孩子自由玩时，一些孩子就会跑到教师规定的禁区玩，教师不得不站在旁边做"警察"。

孩子总是乐意去挑战自己的能力，愿意去尝试新的活动。在这个过程中，危险总是存在。为此，成人常常会为保证孩子的安全而限制孩子游戏的自由度。我认为，这种限制孩子游戏的做法并不可取。我们要做的是让孩子有保护自己的能力和意识，在活动前让孩子了解哪些地方存在危险，要怎样做才能保护自己不受伤害。我给孩子们定的规则是根据自己的能力选择活动方式和内容，而且能设法保证自己安全。有了这一规则，孩子们就可以自由地活动了，孩子们的表现也证明，他们都会用自己的办法保护自己。

那天，我让孩子们在操场上玩大型玩具。轩轩最先跑到攀登网下，敏捷地往上爬，很快爬上最高的位置。看着轩轩顺利地爬上去，粤涵、聪聪、紫嫣等小朋友也围过来了，一看这么多人都要往上爬，悦悦就拉着玖玖退到后面："人太多了，我们等一会吧。"玖玖说："嗯，人多会不安全，我们等一等。"紫嫣往上爬的时候，似乎感觉到了某种危险，就放慢了动作，反复用脚试探，感觉自己站稳了，才小心翼翼地往上爬。轮到聪聪了，她更小心，慢慢地爬到三层，她想继续爬，试了两次，又把脚缩了回来说："我不敢爬了，我想下来。""好，觉得有困难，就下来，下次再玩。"我提醒他。

自由是每个生命具有的特质，儿童必须借助自由的环境变现其内在天赋的本能，以便建构自我和形成自我。因此，我们应该尊重儿童，给儿童充分的自由，只有自由才会让儿童成为有个性的人。而自由不是绝对的，它是在一定

第四辑 因材施教予关怀

规则下的，规则是自由的边界，规则对于自由不是限制而是保障。

快乐很简单，快乐就在你身边：

小伙伴的一句笑话是快乐，

玩游戏是快乐，大家分享快乐时也是快乐……

# 扔玩具好玩，捡玩具太累

潘伟洁

活动时间，小朋友们一如往常在教室里玩各个区域的玩具。突然听见"哗"的一声，全班小朋友随声看去，原来是昌霖小朋友把一篓雪花片倒到地上的声音，紧接着小朋友们一阵哄笑，竞相模仿。这一切发生在短短的几秒钟里，我在错愕之余冒出一个念头："扔玩具对孩子来说真这么好玩吗？"孩子们偷瞄着我不作声，我问道："那你们想扔吗？""想。"一个大胆的孩子回答我，其他人向他投去佩服的目光，我点点头又端来了好几篓玩具，说："那好，今天请你们尽情地扔吧。"

教室里顿时炸开了锅，孩子们的叫声和玩具的碰撞声淹没了一切，十几分钟后，满屋一片狼藉，孩子们红扑扑的脸上透着意犹未尽的喜悦。我镇定而舒缓地说："好了，我们该捡玩具了。"孩子们看着满地的玩具不知所措，有小朋友痛苦地说："啊？还要捡啊？这么多哦！"我笑了笑，说："没关系，如果你们不捡，下次玩什么呢？"时间一分分的过去，玩具一个个地进了篓子，汗珠也一滴滴地从孩子们的头上冒出来，在捡玩具的过程中有人发出了感慨："捡玩具可真累啊，太累了！"当最后一个玩具放进篓子的时候，大家都往地上一躺，说："好累呀，终于捡完了。"我赶紧趁热打铁地问："那你们喜欢扔玩具还是捡玩具呢？""当然是扔玩具。""为什么？""因为扔玩具很开心，捡玩具太累了。""那谁来捡呢？""谁扔的谁捡。""最好大家都别扔。""对，那就没有人累了。"

孩子们还在讨论着，因为"不乱扔玩具"不再是一句教条的规则，在劳动中它变成了孩子们乐意接受并自觉养成的习惯，由此我想到：与其一遍又一遍地重复说教，不如另辟蹊径，让道理行动化，让规则生活化，少对孩子说一点，多让他们做一点，这样，在他们幼小的心灵里才能埋下关心他人、自我约束的种子，并使之受用一生。

帮助孩子养成良好的生活习惯和培养自理能力。

# 给孩子一个表达的机会

羊芳能

给孩子一个表达的机会，他会给你不一样的答案。ZJH是一个思维活跃的男孩子，平时在班里有很多的创意。但是在一次AH-HA数学的活动中，让我再一次对这个孩子刮目相看，也让我明白了要懂得聆听孩子，给孩子一个表达的机会。

AH-HA数学活动中，我给孩子出示了三张不同的照片，照片的内容是8根蜡烛拼成的不同形状的图形。我告诉孩子每根蜡烛是一样长的，让孩子比较一下如果变成直线，哪幅图里的蜡烛最长，主要是让孩子学习比较长短、点数等方面的能力。孩子们大部分不假思索地告诉我三幅图的蜡烛一样长，但是我听到了一个很响亮的且不同的答案："第三幅图的蜡烛最长。"我解释道："每根蜡烛是一样长的，所以蜡烛的数量就会导致每幅图里蜡烛的总长短不一样，那我们现在来数一数这三幅图都有多少根蜡烛。"小朋友们数了数，三幅图的蜡烛都是8根，并一致认为三幅图的蜡烛一样长。但是ZJH还是坚持认为第三幅图最长，我心里想了想：我已经讲得够清楚了，ZJH这么聪明，怎么会理解不了，认为第三幅图的蜡烛最长呢？我平复自己的情绪问道："ZJH，你觉得第三幅图的蜡烛最长是吗？为什么呢？"ZJH自信地说："因为第一和第二幅图的蜡烛上面的火是圆形的，第三幅图的蜡烛上面的火是椭圆形的，所以第三幅图的蜡烛最长。"我仔细一看，还真的是不一样，这孩子观察得太仔细了，发现了图片中最微小的差别。我肯定了他的想法，孩子们也对ZJH的想法表示赞同。作为一位老师，应该懂得倾听孩子。给孩子一个表达的机会，不能简单粗暴地否定孩子的想法，给孩子一个表达的机会，也许他会给你一个不一样的答案。

给孩子一个表达的机会，
也许他会给你一个不一样的答案。

# 我的"小老师"

岳绪俊

　　五月的天空湛蓝而清澈，清晨的风更是令人感到温暖，五月的KC4班故事集里的小可爱就得算亮亮啦。说到亮亮那可是我们KC4班当之无愧的"博士"（因为在一次升旗仪式上用英语介绍节约用水方法而扮演的Eden博士，让其他班老师所熟知而"走红"）今早"博士"又教给我一个成语，怎么表述的呢？过程是这样的：

　　又到了欢迎时间，我因为嗓子疼，声音很小，所以刚一放完音乐就告诉小朋友："孩子们，我今天的嗓子很痛，痛得说话很吃力甚至不想说话，即使说话声音很小，今天我想和你们有两个约定——第一，如果你们看到我的动作和手势请注意做相应的事；第二，有什么事你们可以和同伴商量解决，如果实在需要老师帮忙就请举手，我会走到你们面前，你们再悄悄告诉我。"然后就开始进行了欢迎时间的活动，这会儿有小朋友提醒："岳老师，我们还没相互问好呢。""哦，对不起，忘了。"我赶紧补上："小朋友早上好……""岳老师早上好……"进行完后面的项目，欢迎时间就这样顺利地完成了。到了计划时间小朋友看到我的手势乖乖地找到自己的同伴做计划，真的没让我多说很多话，我心想：他们真懂事，一下子就学会了，太棒了。到活动时间的时候，亮亮走到我面前，悄悄告诉我说："岳老师，我刚告诉姜钧华一个成语，是我刚学会的，我也想告诉你。""好啊，是什么成语呢？""三心二意。""哇，亮亮好厉害，可是这是什么意思呢？""就是做事不认真啊，就像你刚才上欢迎时间的时候，忘记了和小朋友问早上好，所以我刚刚告诉姜钧华'岳老师在上欢迎时间的时候三心二意，忘了和小朋友说早上好'。"听了亮亮的话我有点惊讶他的活学活用，同时大写了"三条杠"在额头，我硬着头皮告诉亮亮："是因为岳老师嗓子痛，分散了注意力，所以三心二意了对吗?"亮亮说:"是啊,不过下一次的时候,等岳老师嗓子好了,做事应该就会一心一意了。""嗯嗯,岳老师记住亮亮的建议了,亮亮你怎么知道这么多成语啊?""我在成语书上看的啊,我还知道迷途知返、悬崖勒马、道听途说呢!""亮亮真的好厉害,下次学习了新的成语也可以教教岳老师哈!"(但我心想,可得要做好榜样,要不下次把迷途知返用在我身上就有点尴尬了)"好啊,岳老师,下次我再学两个脑筋急转弯给你猜猜。""好的。"我回答道,心想这小子真是要成为我的"小老师"了呢。

不过话说回来,生活中的每个孩子都有一些方面是我们的"老师","教学相长"我们注定是一起学习,一起成长的,在这样的过程中,我们更应该树立起良好的榜样,成为他们心中的"好孩子"。

# 细微但了不起的进步

熊婕琳

第一次上幼儿园的小朋友或多或少会产生一种情绪——分离焦虑。

所谓分离焦虑，就是孩子离开母亲时出现的一种消极的情绪体验。一个叫朵朵的小朋友的分离焦虑期的时间相对班里其他孩子的时间要长一点，因此朵朵的妈妈跟我说，她看到这样的朵朵，自己的心里也渐渐开始焦虑了起来。当她跟我说完后，我跟班里的老师共同给她提了点建议：可以让朵朵多与同龄小朋友接触；适时培养她的自理能力；放学回家后问孩子一些正面的关于幼儿园的问题；给予孩子足够的安全感；在每次送朵朵到幼儿园时要坚定地离开，少作停留，等等。朵朵妈妈听后开始去尝试我们提出的建议，而我们老师则是在平日的活动里多主动地去与朵朵进行互动，给予她在幼儿园的安全感，使她产生移情，把对家人的依赖逐渐转移到对老师的依赖。

渐渐地，朵朵有了一点点的进步——她开始移情到班里老师的身上了，在这段时间，朵朵经常会跟着一位她比较依赖的老师，不断地问老师"妈妈在哪儿""妈妈在做什么""妈妈什么时候来接我"等一系列的问题。午睡时，朵朵也会要求老师陪在自己的身边。老师则是不厌其烦一次又一次地回答她的问题，在午睡时陪在她的身边。但过了一段时间，我们发现虽然朵朵有了一点点的改变，这是值得开心的，但这样被依赖的老师不但自己不能去做自己的事情，也不能观察到其他的孩子，为此老师也有点苦恼。

因此，我们商量了一下，改变对待朵朵的方式，我们开始让朵朵增多与班里其他孩子相处的时间，请坐在她旁边的语桐小朋友跟她做朋友；减少老师陪伴身边的时间，提高朵朵的独立性……渐渐地，朵朵减少了对老师的依赖，开始有了自己的小圈子。朵朵的改变告诉我们，这又是一次进步。朵朵妈妈在一次送朵朵来上学的时候告诉我们，有一次回家，朵朵告诉她自己在班里交到了好朋友，说完后我们看到了朵朵妈妈的脸上浮现出了开心的笑容。现在，朵朵已经完全从分离焦虑中走出来了，已经能够自己在早上来园时跟妈妈说再见；自己与同伴玩耍、交谈；自己躺在床上睡觉……

在朵朵的身上，我得到了感触：孩子就像初生的鸟儿，虽然依恋母亲，但终能独自展翅飞翔。不论老师还是家长，我们能做的就是要多放手，让孩子自己去做一些事情，不然孩子将很难独立和成长。朵朵的进步，让我也感到了欣慰，并且不得不感叹孩子每天都在一步一步地，以我们想象不到的速度进步和成长着。

爱是教育的灵魂，
只有融入爱的教育才是真正的教育。

# 轩轩情绪的改变

李苑瑜

轩轩是本学期新加入的孩子，与他的第一次见面是我这些年来见过的孩子之中印象最深的一次。新生报到的时候，轩轩妈妈和外婆带着轩轩来到班级看环境，我刚好在门口遇到他们，于是很热情的和轩轩打了招呼，轩轩才刚踏进班级门口，他突然一个劲地往外跑，我当时感到有点惊讶且担心他的安全，于是就跟在他后面，接着外婆也跑出来了，我就和外婆说先让轩轩熟悉一下幼儿园的整个环境，毕竟今天是轩轩第一天来幼儿园可能有点不适应，可以带他到处玩一玩。外婆点了点头说："好的，谢谢老师。"直到开学前，我都很担忧他到底愿不愿意上学，上学之后的状况会是怎么样？开学的日子终于到了，我们正在进行升旗仪式，突然从身后传来很大的哭声，我们转身一看，原来是轩轩来了，他紧紧地抓住外婆的手臂，外婆就和我们说："老师，麻烦你们了！"我们抱着轩轩来到身边并和轩轩说外婆下午4点就来接他，话还没说完，轩轩就跑着说要去找外婆，我们赶紧追着把他抱回来。这些场景让人毕生难忘啊！

轩轩差不多上了两个星期后才逐渐适应幼儿园的生活，在这两个星期中我们发现他有很多的可爱之处：他是个非常有礼貌的孩子，每天离园时间会很主动地鞠躬弯腰和我们说再见（早上因为有情绪所以没有和我们打招呼）；老师说过的约定他会非常遵守；他是个爱干净的孩子。

# 圆圆的进步

刘彦

记得刚入园的时候，圆圆就不爱说话，我向其家长了解情况，说圆圆在家也不怎么爱说话，家长因此也很担心圆圆在幼儿园是否能好好与其他小朋友相处。我们老师也非常担心这个特殊的孩子，她个子比较小，各方面的能力都和别人有相当大的一段距离，平时很多事情都需要我们老师包办代替，这样下去对她的发展极为不利。

幼儿初期是口语发展的重要时期，培养幼儿说话能力，帮助幼儿在语言表述中认识周围事物，对促进他们的智力发展具有重要的意义，抓紧这一时期训练幼儿说话的能力就显得十分重要。所以，培养小班幼儿的说话积极性是十分必要的事。于是，我们采取了以下措施：

首先，从生活上多关心帮助她，与她多亲近，逐渐消除他对幼儿园老师和小朋友的一些陌生感和恐惧感。每天入园时，我都会热情地与她打招呼，亲切地同她谈话，询问她："圆圆，你有没有吃早餐？""你早餐吃了什么呀？""这件衣服真好看，是谁买的？"等等，使她觉得我们像家人一样在乎她，没有忽视她的存在。

在许多事情上，对她一视同仁，比如欢迎时间点名的时候，也一样要求她说"到！""我在这里！"等。虽然第一次她说"我在这里"的时候，口齿很不清楚，声音也很轻，但是我还是很兴奋，大大地奖励了她一个贴纸。在上课的时候，也常常会问问她："圆圆，你懂了吗？""圆圆，你来说一说！"每次帮孩子穿衣服的时候，也会悄悄地和她说上几句悄悄话，和她谈谈心，逐渐地拉近了彼此的距离，圆圆也慢慢能说几句比较清楚的话了。我们也会试着把比较爱说话的孩子放到圆圆身边坐，让比较活跃的孩子可以带动圆圆一起活动。

到了学期后段，圆圆的话明显多了，每天早上都会笑着和老师还有其他小朋友打招呼，也有了几个好伙伴，欢迎时间和大组活动会大声地跟着老师唱歌，看看圆圆一点一点地进步，我的心里真得十分感动，原来每个孩子都是有很大的进步空间，只要我们愿意给他们足够的时间和陪伴。

关爱每一个孩子，
他们的快乐就是我最大的成长。

# 亲其师，则信其道

文希

"爷爷、奶奶，哥哥、弟弟，早上好！"我们三位老师正满怀热情地跟这学期加入我们班级的成员打招呼。而这对双胞胎，首先躲在爷爷奶奶的身后看了看教室，然后精确地避开了正在打招呼的老师们，并以50米冲刺的速度，跑向小厨房和玩具区。这就是我和哥哥、弟弟第一次见面的场景。

是他们让我体会到了身为人师，被彻底忽视的感觉。

哥哥、弟弟刚来上学的第一周，他们几乎一进门就是找玩具。

上晨会，找不到他们的身影，他们在玩玩具；

计划、回顾时间，他们沉迷于消防车，玩玩具；

大组、小组时间，他们也一直守在玩具身旁，不离不弃，寸步不移。

我渐渐地发现，在这当中，老师牵着他们让他们坐在身边，不厌其烦的提醒等，任何和善而坚定的作法看起来都是不起作用的。于是，我开始观察他们的行为和他们的家庭教养方式。

一份哥哥、弟弟的分析报告由此产生：

行为：不听指令；沉浸在玩玩具中，无法自拔；当被阻止玩玩具时，会出现反抗，并会一直说："我不要，不要。"

家庭教养主要养育者：爷爷、奶奶。

家庭教养方式：输出基本靠吼，活动基本靠牵，不听话全靠打和骂。

教育措施有点迷茫。

但在一次活动中，我发现他们很喜欢跟我进行身体接触，很喜欢被抚摸和被拥抱的感觉。原来，他们的爸爸、妈妈从小很少拥抱和亲吻他们，而爷爷、奶奶更是很少如此。我大胆地推测，他们可能是需要通过这种身体接触来获得爱和心理上的安全感。为了验证我的猜想，我需要采取的教育措施是：建立平等、和谐、有爱的信任关系。

孔子云："亲其师，则信其道。"意思是说：一个人只有在亲近，喜爱，尊敬老师的基础上，才能相信和学习老师传授的知识和道理。孩子也是如此，看来我得想办法让他们喜欢、信任我。

我尝试着：

在他们下楼的时候，牵着他们的手一起；

在他们游戏的时候，陪他们一起搭积木；

在与他们对话的时候，我蹲下身子与他们进行眼神上的交流；

在他们上大组活动的时候，我就静静地搂着他们坐在一起；

在他们看书的时候，我在一旁陪伴和引导；

在他们不熟悉一日流程的时候，我们围坐在一起学习……

渐渐地，我发现他们有了变化：

他们开始主动与我打招呼，说再见；

开始主动过来拥抱我，亲我的手；

开始跟我分享他们的经验和感受；

与此同时，他们也从充耳不闻老师的提醒到能听懂老师反复的提醒；

从沉浸于玩具而无法自拔到主动放下手中的玩具；

从反抗着说"不要"到理解地说"好吧"；

这些小变化都代表着他们在成长路上取得的进步，原来，良好的师幼关系可以帮助孩子获得爱和安全感，可以减少孩子的问题行为，还可以提高和改善教师的教育效果。

愿：

身为老师的我们，

用情铺展滋润的土壤，

用心呵护稚嫩的心灵，

用爱哺育种子的成长，

我们和孩子一起用平等、和谐、信任之水浇灌，

让生命之花尽情绽放……

# 变了味道的爱

张真真

中班的嘟嘟平时吃东西很是挑食，对于她喜欢的水果、点心或者是饭菜，她能够很快地吃完并且去加餐，可是对于她不喜欢的糯糯的食物，则是吃得很少很少，有时候甚至是不吃直接倒掉，保育老师开始的时候还会去督促她让她吃，到现在基本上就接受了，也不再逼迫她去吃，可从我来到这个班以后，嘟嘟就不能那么轻易蒙混过关了。

周五下午的点心时间是水果蛋糕，这刚好在嘟嘟的"菜单"之外，自助取餐的时候，我看到嘟嘟先是拿了牛奶回去，然后又起身来装了一块蛋糕，慢慢地回到座位上开始吃。嘟嘟先是把牛奶一口气喝掉了，然后就开始坐在位置上跟旁边的小朋友讲话，然后又开始发呆，就是不动盘子里的那块儿蛋糕，因为她知道，只要熬到收盘子的时间，就可以直接拿去倒掉，不吃也是可以的。见此情形，我向她走去，问道："嘟嘟，蛋糕不好吃吗？"嘟嘟看看我点了点头。我说："你可以尝试着少吃一点，这次厨房师傅做得很好吃呦。"嘟嘟还是坐在那里不动，等了大概有半分钟，我又说道："嘟嘟，既然你取到盘子里，就不可以浪费，我知道你不喜欢吃，可有很多不喜欢做的事情也还是要慢慢尝试去做的，所以这次只是少吃一点。"嘟嘟说："不好吃，我不要吃。"然后我也有点儿生气了，说："你如果不吃，一会儿其他小朋友去户外的时候你不能去。"这句话好像彻底激怒了她，她把盘子用力往前一推，对我"哼"了一声还外加一个白眼。

在当时那个时刻，我心里只是有一些不舒服，想着我是一心为她好，可是她却不接受，直到在刘晶波老师的《社会学视野下的师幼互动行为研究》一书中看到一个与我类似的案例，我才明白，这不是一件司空见惯的小事，而是自己教育逻辑和教育方法上不足。为什么是对她好，她不理解就算了，还有可能雪上加霜的再厌恶我一分？

于是我回到了问题的最初，我最后对嘟嘟生气有两个原因：一是她浪费粮食的不良习惯，水果也丢，点心也倒，青菜也不吃，于她的均衡膳食而言也无益处；二是其他的小朋友都吃完了，只有她没吃。针对这两个原因我开始反思自己，针对第一个原因我觉得是自己教育方法的不足，浪费各种事物是表象，根本原因在于没有养成良好的习惯，作为教师应该帮助孩子使其了解事物的来之不易，帮助她养成良好的饮食习惯。

针对第二个问题，从师幼互动的角度来看，我对嘟嘟的提问属于指导活动一类，而在这个过程中我所遵循的原则是——幼儿所掌握的知识、技能应该符合示范的"标准"，幼儿的行为习惯应该和其他孩子所能达到的状态同步。这一原则显然是与《幼儿园工作规程》中的有关规定如"注重个体差异、因人施教""促进每个幼儿在不同水平上得到发展"等要求存有相悖之处，所以才会导致最后我生气、她生气的不欢而散。

正如刘晶波老师在书中所言："幼儿园是对他们进行教育的机构，然而幼儿能够获取知识和技能的途径却不只通过教师对他们的教育这么一条，每个孩子都拥有与其他孩子不同的心智特点、不同的家庭背景，他们对于教师所做的指导的领悟也并非只有一个模式。"所以，接下来我对嘟嘟良好饮食习惯的培养，所要关注的是我的教育方法对她来说是否是因人施教，而不在于一定要拿我做一个成年人节约每一粒粮食的苛刻标准去要求她；在于按照她目前的发展水平，使她能有一个进步，而不在于整齐划一。

# 无声的教育

张晓明

有一种陪伴，叫作无言的陪伴；有一种教育，叫作润物细无声。我知道，你就是这样习惯安安静静的做你自己，习惯老师揣测你的想法，尽管如此，我还是要告诉你：我很喜欢你，虽然没有告诉你。所以你永远不知道我有多喜欢你，我愿意用我的拥抱，用我的微笑去融化你内心的不安和顾虑。

霏霏在班里总是一个人，安安静静地坐在自己的座位上，不参与同伴们的游戏，也不自己去拿玩具，即使是户外活动，霏霏也是习惯站在一边，静静地看着大家玩。有时候我们也在猜测：孩子一天下来，不说一句话，也不和同伴玩，这是一种什么样的感受，并且这样的日子持续了一年。我们都知道，孩子不合群，性格孤僻，不仅会脱离周围的小朋友，这样还会明显地影响孩子的进取心，甚至损害其身心健康。对于霏霏的问题，我们从中班的时候就已经关注了，还尝试过很多方法，目前我们坚持下来的就是鼓励班上的孩子多和霏霏互动，老师也会在生活中多给予语言和行为上的支持，让霏霏感受到关心她的人是有很多很多的。

和霏霏交流确实是一件很困难的事情，因为无论我们说多久，霏霏都没有语言上的反馈，因此，在平日中，老师需要揣测霏霏的想法，转换霏霏的心理语言。霏霏还有这样的情况，早上回来习惯小朋友或者老师带着她做事情，如漱口、晨练回来换白鞋需要小朋友帮忙，吃早餐需要老师带着她去取餐等。老师经常告诉霏霏，这些事情需要自己去完成的，不能依赖老师或者小朋友帮助，但霏霏就是没有回应，依然静静地站在原地，直到我们做出下一步的支持。面对这样的情况时，刚开始确实很让我们觉得厌烦，但是，我们也在反思，慢热的孩子确实需要老师给予更多的时间去适应孩子，如果我们都不能坚持，孩子又如何有信心做出改变呢。因此，这是一场持久战，我们都需要有足够的耐心坚持下去。

尽管如此，霏霏的情况似乎让我们也看到了不一样的表现。如在户外活动时，孩子们玩的时候，老师会看到霏霏也有和孩子互动的情况。很多时候，我会选择默默地观察霏霏和孩子们互动的情况，和同伴互动，霏霏也是没有语言上的反馈，觉得有趣的时候会冲着同伴笑一个，或者逗一逗同伴，让别人关注一下自己。既然有这样的表现，那么接下来，我应该创造更多的机会，鼓励她去和同伴们游戏，让霏霏走出自己的内心世界。

既然我们没有语言的交流，那么我们就换一种方式，选择静静地待在她身旁，用我的拥抱、我的微笑去感动她，相信总有一天霏霏能够感受到我们的爱。

永远用欣赏的眼光看孩子，
永远用宽容的心态面对孩子。

# 面条和吻

岳绪俊

安安是我们班年龄最小的小朋友，每天早上他来到幼儿园都能听到他响亮地和老师问好的声音。这个小可爱平时说的话很甜，而且还会配上相应的表情，让老师和同学都很喜欢他。

在活动时间他总会在小厨房做小厨师，给其他活动的小朋友送去他做好的食物。有一次他又送来一碗面，并说："岳老师，这次我为你做的是鸡蛋面，很有营养的。"我说："谢谢你，安安，但是我想问下餐具消过毒了吗？因为现在秋季很容易感染病菌哦。"他说："我忘啦，我这就去消毒。"说完他就拿回去把面条放在一个柜子里过了几分钟拿出来送给我，并说："这次消毒完毕，可以吃啦，岳老师。"我说："好的，安安老板，多少钱一碗？我付钱你。"他说："三块钱一碗。"我想考考他的反应能力顺势就说："哎呀，麻烦了，我今天出门忘了带钱，怎么办？没有钱付给你了，我不可以白白吃你的东西，谢谢你了，安安，你可以把面条卖给其他有需要的人。"安安说："我有钱，我可以借给你。""但是我不喜欢向别人借钱。""要不这一碗就算我请你吃的，岳老师你不用付钱。""但是随便让别人破费也不行的，老师不想让别人请，这是个不好的习惯。"听了我的话，安安想了想，他似乎不愿意轻易就放弃让我吃这碗面条。后来他说："岳老师，我想到了一个好办法，我们可以交换，我送给你这碗面条，你亲我一下就算付款了，这样就可以了。"

我听后感叹于这小子的机灵，看着安安期许的眼神和可爱的表情，我们"成交"了。

还有一次，快到感恩节了，老师忙着给小朋友们准备材料制作感恩节的贺卡，安安一直看着我在剪卡纸，就跑过来问我："岳老师，这是我们小组活动的材料吗？"我说："是啊，老师要帮你们准备好材料你们才方便操作啊，每个小朋友都需要的，还需要很多，安安，老师现在在工作，请你回到自己的座位上好吗？""可是我看着老师这么辛苦，我有点心疼。"听了安安这句话，我心里瞬间涌现一股暖流，这么小的年龄，能说出这么温暖的话，没有刻意，没有教唆，真得很难得。

幼师的工作是琐碎而平凡的，但沐浴在这些小可爱们的甜言蜜语里，多累多烦琐都值得。总是说每一个幼儿都离不开老师，但其实，每一天老师更需要孩子，每一天孩子换着花样给予着老师蜜一样的"甜"。

用欣赏的眼光，
看待每一个孩子。